Schnelles für
Mutter und Kind

AUTORIN: IRA KÖNIG | FOTOS: JÖRN RYNIO

Praxistipps

Umschlagklappe hinten:
Ist das Gewicht meines Kindes normal?
Gesunde Süßigkeiten – selbst gemacht
Drei tolle Getränke für Kleine und Große

Extra

Umschlagklappe vorne:
Die 10 GU-Erfolgstipps – mit Geling-
garantie für Gutes für Mutter und Kind

Rezepte

Gesunde Küche für Mutter und Kind

*Nicht nur Babys brauchen eine ausgewogene Ernährung, auch frischgebackene Mütter
wollen gesund und lecker essen. Das klappt ab dem ersten selbst gekochten Brei!*

immer hungrig

In den letzten Monaten hatten Mutter und Baby
Zeit sich aneinander zu gewöhnen. Die Mutter weiß
jetzt, wann es Zeit fürs Stillen, bzw. fürs Fläschchen
ist. Ihr Baby hat sie dabei aber auch ganz schön auf
Trab gehalten. Die Kleinen haben alle paar Stunden
Hunger und wollen trinken, auch in der Nacht –
und das kann ganz schön anstrengend sein. Oft
kommt dabei die eigene Ernährung zu kurz! Nach
diesen ersten Monaten haben viele Mütter langsam
keine Lust mehr, sich Tag für Tag von schnellen
Snacks und Stullen zu ernähren. Auch sie hätten
gerne einmal am Tag eine warme Mahlzeit.

Und genau hier beginnt unser Buch! Denn dieser
Wunsch kann etwa ab dem 5. Lebensmonat Ihres
Kindes erfüllt werden. Dann wird es Zeit für den
ersten Brei! Und während Sie den Brei für Ihren
Nachwuchs aus Gemüse, Kartoffeln und Fleisch

zubereiten, können Sie aus diesen Komponenten
plus weniger anderer Zutaten gleichzeitig auch eine
vollwertige Mahlzeit für sich selbst kochen.

Vielleicht fragen Sie sich, warum das Buch »Schnelles für Mutter und Kind« heißt, wo es doch auch so
viele liebevolle Väter gibt, die sich um ihren Nachwuchs kümmern.

Die Überlegungen waren rein praktischer Art und
sollen den Vater keinesfalls außer Acht lassen. Aber
am Anfang ist nun mal die Mama die Hauptperson.
Wenn etwas später die Breiphase vorbei ist und
gemeinsam gegessen werden kann, lassen sich die
Rezepte oft problemlos auch auf die ganze Familie
übertragen.

Warum selber kochen besser ist

Das beste Argument: Sie wissen, was drin ist! Auch
wenn heute die Hersteller verpflichtet sind, sämtli-
che Zutaten zu nennen, sind doch manche Anga-
ben eher verwirrend als hilfreich. Die angebotenen
industriell hergestellten Fertigbreie schmecken
anders als frisch zubereitete und enthalten oft zu
wenig Fett und zu viele Zutaten. Fett ist aber der
Energiespender Nummer 1 und macht schön satt.
Zu viele Zutaten überfordern den Geschmack Ihres
Kindes. Die Geschmacksentwicklung braucht Zeit,
deshalb sind wenige Zutaten im Brei besser. Wenn
Sie von Anfang an selber kochen, gewöhnen Sie Ihr
Kind schon früh an qualitativ hochwertige frische
Kost. So entwickelt es einen Geschmack für Qualität

beim Essen. Später ist dies der beste Schutz gegen Fastfood und Fertiggerichte.

Kochen Sie nach den Jahreszeiten. Greifen Sie nicht im Februar zu frischen Erdbeeren, auch wenn sie schon angeboten werden. Heimische Obst- und Gemüsesorten haben keine langen Transportwege hinter sich, sind deshalb reich an Vitaminen und meist günstiger. Wenn Sie auf möglichst unbelastete Ware Wert legen, kaufen Sie Bioprodukte. Viele der in diesem Buch verwendeten Lebensmittel gibt es inzwischen in Bioqualität auch schon preisgünstig in Supermarkt und Drogeriemarkt!

Gemeinsam kochen schafft Nähe!

Lassen Sie Ihr Kind zunächst zusehen, wie Sie in der Küche werkeln. Es wird glücklich sein, Sie beim Kochen beobachten zu können und dabei ganz in Ihrer Nähe zu sein.

Zusammen auf dem Markt

Gesundes für Mutter und Kind

Mit ca. 1 ½ Jahren kann Ihr Kind schon in der Küche mithelfen: im Kräuterquark rühren, den Löffel bringen, Küchenhelfer ein- und ausräumen oder den Kochlöffel suchen helfen. Später können Sie gemeinsam Kräuter säen und ernten. Obst und Gemüse waschen; mit verbundenen Augen Lebensmittel raten; gemeinsam den Tisch decken und natürlich das Zubereitete essen.

Der erste Brei

vom Fläschchen …   … zum Brei   … mit Geduld

Ungefähr ab Ende des 5. Monats braucht Ihr Baby für seine Entwicklung mehr Nährstoffe, vor allem Eisen. Die Muttermilch bzw. die Milch aus der Flasche allein reicht nicht mehr aus. Sie werden merken, dass der Hunger größer wird und die Trinkabstände geringer. Das Baby interessiert sich immer mehr für die Teller der Erwachsenen. Der Zeitpunkt zum Selberessen ist für ihr Baby gekommen – Sie können anfangen zuzufüttern. Das heißt, eine Milchmahlzeit nach der anderen durch eine Breimahlzeit ersetzen.

Um den kleinen Organismus langsam an die neue Kost zu gewöhnen, werden als erstes nur einige Löffel reiner Gemüsebrei mit etwas Öl gefüttert. Möhren sind dabei die erste Wahl! Sie sind gut verdaulich und schmecken schön süßlich. Aber auch Kürbis, Steckrübe oder Zucchini sind gut geeignet. Abgekochtes Leitungswasser ist für die Zubereitung von Babybrei o.k., außer wenn Sie Bleirohre im Haus haben. Der Nitratgehalt des Wassers sollte unter 20 mg/l liegen. Das Wasserwerk oder die Verbraucherzentrale geben dazu nähere Auskünfte.

Fettlösliche Vitamine in der Nahrung werden durch Öl besser aufgenommen. Raffiniertes, also gereinigtes Rapsöl ist für Babys optimal, da es ein sehr ausgewogenes Fettsäurenverhältnis aufweist und auch von empfindlichen Kindern gut vertragen wird.

Geben Sie Ihrem Baby einige Wochen Zeit, bevor Sie eine neue Gemüsesorte einführen, das hilft auch Allergien zu vermeiden.

Solange Sie zwischendurch noch stillen, sollten Sie selbst weiterhin vorsichtig mit dem Genuss von Zwiebeln, Lauch, Knoblauch, Kohl, scharfen Gewürzen oder Zitrusfrüchten sein. Diese Lebensmittel können bei Ihrem Baby Blähungen oder einen wunden Po verursachen.

Das erste Rezept des Lebens ...

Der erste Brei sollte nur aus Biogemüse bestehen. Hier können Sie sicher sein, dass keine Pflanzenschutzmittel verwendet wurden.

Für den ersten Gemüsebrei 250 g Möhren schälen, waschen und in Stücke schneiden. Möhrenstücke in wenig Wasser weich kochen. Abgießen, dabei etwas Kochwasser zurückbehalten und mit den Möhren pürieren, 1 TL Rapsöl unterrühren. Eine Portion (ein Fünftel) abnehmen und dem Baby geben. Den Rest auskühlen lassen und für den Vorrat portionsweise einfrieren.

Nach einigen Tagen können Sie eine geschälte gewürfelte Kartoffel (50 g) mitkochen – hier spielt es übrigens keine Rolle, welche Kartoffelsorte Sie verwenden. Nach zwei bis drei Wochen gibt es dann den ersten kompletten Brei mit Gemüse, Kartoffel und Fleisch als Mittagsmahlzeit: z. B. den Kohlrabibrei mit Pute (S. 13).

Als Nächstes bekommt Ihr Baby – etwa ab dem 6. Monat – abends einen Milchbrei (S. 24). Etwas später – etwa ab dem 7. Monat – gibt es als dritte Breimahlzeit den Nachmittagsbrei aus Getreide und Obst (S. 28). Die restlichen Mahlzeiten sind weiterhin Milchmahlzeiten.

Jede Breimahlzeit hat ein eigenes Nährstoffprofil. Gegenseitig ergänzen sich die Breimahlzeiten zusammen mit den Milchmahlzeiten zu einer ausgewogenen Ernährung.

Schön langsam ...

Die Verdauungsorgane Ihres Babys müssen sich aber erst an die neue, festere Nahrung gewöhnen. Deshalb beginnen Sie ganz langsam mit der Umgewöhnung. Noch etwas später – etwa ab dem 10. Monat – geht der Gemüse-Kartoffel-Fleisch-Brei langsam in ein gemeinsames Mittagessen über. Der Milch-Getreide-Brei plus eine Milchmahlzeit werden zu Frühstück und Abendessen. Und der Getreide-Obst-Brei wird dann durch zwei Zwischenmahlzeiten ersetzt.

Auch hier gilt: Der Hunger der Kleinen kann sehr unterschiedlich ausfallen. Solange Ihr Kind aber wächst und gedeiht (siehe Gewichtstabelle Seite 64/65) ist alles in bester Ordnung.

Aus Möhren ...

... und Rapsöl:

Der erste Brei!

So wird man groß und stark ...

Kinder entwickeln sich besonders schnell in den ersten Lebensjahren. Ebenso schnell ändern sich ihre Fähigkeiten und Bedürfnisse rund ums Essen. Eine spannende Zeit!

Vom 5. bis zum 9. Monat

Babys können etwa ab dem 5. Monat Nahrung mit der Zunge nach hinten zum Gaumen befördern, das Köpfchen selbst halten und langsam ohne Halt sitzen. Parallel dazu steigt ihr Interesse an fester Nahrung, und der Körper braucht mehr Nährstoffe. Kurz: Ihr Baby ist reif für den ersten Brei!

Von der Milch zum Brei

Die Umstellung von Milch auf Brei ist aufregend für Mutter und Kind. Es braucht Zeit und Geduld, die Kleinen an den Löffel zu gewöhnen. Damit Sie es am Anfang einfacher haben, sind die Rezepte für den ersten Brei immer für fünf Portionen plus Erwachsenenportion berechnet. So können Sie eine Breiportion gleich füttern, eine für den nächsen Tag im Kühlschrank aufbewaren und drei Portionen einfrieren.

Ausreichend trinken!

Sobald ihr Kind festere Nahrung zu sich nimmt, wird es auch mehr Durst haben. Bieten Sie ihm regelmäßig ausreichend zu trinken an. Am besten stilles Wasser oder dünn aufgebrühten Tee. Wenn es mal etwas Besonderes sein soll: Verdünnen Sie für eine Saftschorle Saft mit Wasser im Verhältnis 1:3.

Ab dem 10. Monat

Ungefähr ab dem 10. Monat kann Ihr Kind fast alle Lebensmittel gut vertragen. Es entwickelt sich, ist aktiv und möchte die Welt um sich herum kennenlernen. Neue Geschmackserlebnisse sind gefragt und die ersten Zähnchen sind da. Der Appetit wächst und die Kleinen brauchen jetzt drei Haupt- und zwei Zwischenmahlzeiten, um satt zu werden. So kann der Speiseplan immer vielfältiger gestaltet werden.

Eins nach dem anderen

Jedoch braucht alles seine Zeit, und jedes Kind hat seinen individuellen Rhythmus. Geben Sie ihm Zeit und Ruhe und helfen Sie ihm geduldig bei seinen Fortschritten.

Auch wenn Sie morgens noch eine Milchmahlzeit füttern, als Zwischenmahlzeit oder Abendbrot können Sie jetzt geschälte Gemüse- und Obststückchen reichen. Reiscracker, Dinkelstangen, Zwieback oder Brot mit etwas Butter, Käse oder Aufstrich (s. S. 43) sind bei den Kleinen ebenfalls beliebt. Wählen Sie milde Obst- und Gemüsesorten wie Apfel, Birne, Pfirsich, Möhre, Kohlrabi oder Salatgurke. Hartes Gemüse wie Möhren oder Kohlrabi zu Anfang besser kurz in wenig Wasser weicher dünsten. 5-mal Obst und Gemüse am Tag sind ideal!

Fein gemahlenes Vollkorn ist beim Brotkauf die erste Wahl! Roggenbrot beispielsweise, mit Jodsalz gebacken, ist schön saftig und gesund. Vorsicht: Harte dunkle Krusten, Körner oder Nüsse kann Ihr Kind noch nicht vertragen. Auch Scharfes, Gebratenes, Frittiertes oder Fettgebackenes ist noch nicht das Richtige! Kuhmilch wird ab dem 2. Lebenshalbjahr vertragen, sollte aber in diesem Alter nur im Abendbrei gefüttert werden. Geben Sie Ihrem Baby erst Milch, wenn es selbstständig aus der Tasse trinken kann.

Weniger ist mehr

Achten Sie darauf, dass ihr Kind wenig Salz und Zucker zu sich nimmt. Greifen Sie zu milden Käsesorten wie Frischkäse, Mozzarella oder Butterkäse. Bei Wurst besser auf Bioprodukte zurückgreifen. Etwas gekochter Schinken, Putenaufschnitt oder Leberwurst sind o.k. Wenn Sie würzen, dann nur mit frischen Kräutern. Geben Sie reichlich zu trinken. Ab dem 1. Lebensjahr ist etwa 1 Liter (Wasser, Tee, Schorle) pro Tag optimal.

Ab 1 ½ Jahren

Ihr Kind kann aus der Tasse trinken und mit dem Löffel essen. Sein Verdauungssystem kommt in der Regel mit allen Lebensmitteln gut zurecht.

Guter Geschmack lässt sich lernen

Ihr Nachwuchs mag immer noch milde Geschmacksrichtungen am liebsten. Scharfes, sehr Salziges, Fettiges oder Süßes sollten Sie weiterhin vermeiden. Ansonsten lassen Sie Ihr Kind ruhig alles probieren. Das fördert ein breites Geschmacksspektrum.

Lassen Sie Ihren Sprössling mitkochen!

Die Kleinen können jetzt schon ein bisschen in der Küche helfen. Lassen Sie sich Löffel, kleine Schälchen, etc. bringen und richten Sie Ihrem Kind im unteren Teil des Küchenschrankes ein Küchenfach

Selber kochen macht Spaß

ein. Es macht Ihrem Kind bestimmt Spaß, einen Quark zum Nachtisch anzurühren – und wenn später alle davon essen, wird es stolz sein. Ihr Kind lernt von Ihnen, dass Kochen etwas Schönes ist und Lebensmittel etwas Wertvolles sind. Außerdem vermitteln die gemütlichen Stunden in der Küche Geborgenheit und verschaffen Ihnen und Ihrem Kind gemeinsame Erlebnisse.

Welche Küchenhelfer brauchen Sie?

Kleine Helfer – große Wirkung! Mit diesen praktischen Küchengeräten bekommen Sie die Mahlzeiten für Groß und Klein ganz entspannt auf den Tisch.

Waage Sie wiegen jetzt häufig kleine Mengen ab. Dazu ist eine Digitalwaage am besten geeignet. Achten Sie auf eine ausreichend große Standfläche. Manche Waagen lassen sich auch an der Wand befestigen, das ist praktisch in kleinen Küchen. Clever ist auch die Zuwiegefunktion: Damit können Sie mehrere Zutaten hintereinander zugeben und wiegen, ohne die Schüssel nach jeder Zutat leeren zu müssen.

Pürierstab Für die Herstellung von Babybrei ist ein Pürierstab unerlässlich. Am besten eignet sich ein hitzebeständiges Modell aus Metall; achten Sie auf eine hohe Drehleistung, diese erleichtert die Arbeit sehr. Am besten nehmen Sie beim Kauf mehrere Geräte in die Hand, so spüren Sie, welches das geeignete Arbeitsgerät für Sie ist. Der Pürieraufsatz sollte abnehmbar und gut zu reinigen sein. Es gibt auch schnurlose Varianten, die sehr angenehm in der Handhabung sind.

Vorratsbehälter Davon kann man nicht genug haben. Eine Auswahl von verschiedenen Größen ist am besten. Auch hier auf Qualität achten. Einfache Handhabung ist oberstes Gebot. Die Behälter sollten gut verschließbar und spülmaschinenfest, gefriergeeignet und mikrowellentauglich sein. Am besten besorgen Sie sich auch gleich Klebeschildchen für die Dosen, so können Sie den Inhalt beschriften und behalten in Kühlschrank und Gefriertruhe den Überblick.

Trinklerntasse Wenn Sie beginnen, den ersten Brei zu füttern, ist es auch langsam Zeit für die Trinklerntasse. Ihr Baby bekommt durch die festere Nahrung mehr Durst und benötigt mehr Flüssigkeit. Zum Trinkenlernen braucht es eine spezielle Tasse aus Kunststoff mit leicht zu säuberndem Mundteil; sie sollte außerdem unzerbrechlich, standsicher und fürs Kind gut zu greifen sein. Etwa ab dem 10. Lebensmonat kann das Baby beginnen, ohne Mundteil vom Becherrand trinken.

Löffel und Teller Damit das Essenlernen Ihrem Baby so leicht wie möglich fällt, sollte das erste Löffelchen zum Füttern aus Kunststoff sein, eine schmale, eher flache Form haben und abgerundete Kanten besitzen. Wenn Ihr Baby seinen Brei gern warm isst, kaufen Sie am besten einen Teller mit Wärmerand. Bei diesem Modell wird heißes Wasser in den Teller gefüllt, sodass der Brei länger warm bleibt. Später bekommt das Kind dann seinen eigenen unzerbrechlichen und standsicheren Teller und einen eigenen Löffel. Der sollte eine breite Auflagefläche und einen kurzen Griff haben.

Mikrowelle Auftauen und Aufwärmen gelingt in der Mikrowelle ganz einfach! Dabei müssen Sie nur darauf achten, dass die Hitze gleichmäßig im Essen verteilt ist. Deshalb während des Erhitzens mehrmals kräftig durchrühren. Am besten frieren Sie die Portionen gleich in mikrowellengeeigneten Behältern ein, dann sparen Sie sich viel Spülerei.

genau: digitale Waage

unverzichtbar: Pürierstab

nützlich: Vorratsdosen

hilfreich: Trinklerntasse

kindgerecht: Löffel und Schüssel

praktisch: Mikrowelle

5. bis 9. Monat

Startschuss für den ersten Brei! Damit es Ihrem Kleinen leichter fällt, sich an die neue Kost zu gewöhnen, verdünnen Sie den Brei zuerst mit etwas Wasser oder Saft, bzw. rühren etwas Flüssigkeit unter. Feiner Kohlrabi und zarte Pute – das mögen Baby und Mutter gern!

Kohlrabibrei mit Pute | Geflügelpfanne

400 g Kartoffeln
1 kg Kohlrabi
250 g Putenschnitzel
100 ml Apfelsaft
6 EL Rapsöl
Salz | Pfeffer
2–3 Stiele Dill
1 EL Schmant
1 Msp. abgeriebene Schale einer Bio-Zitrone

Für 5 Babyportionen und 1 Erwachsenenportion
⏱ 1 Std. Zubereitung
Pro Portion (Baby/Mutter) ca. 180/505 kcal,
8/50 g EW, 10/16 g F, 14/41 g KH

1 Kartoffeln waschen und mit Schale in kochendem Wasser zugedeckt in 20–25 Min. garen. Inzwischen Kohlrabi schälen und klein würfeln. Fleisch
grob würfeln. 100 g Fleisch und alle Kohlrabiwürfel
in 100 ml Wasser 10–15 Min. zugedeckt bei mittlerer Hitze garen. Kartoffeln abgießen, abschrecken
und pellen.

2 250 g Kartoffeln klein schneiden. Für den Kinderbrei das gegarte Fleisch und 500 g Kohlrabi herausnehmen. Fleisch kleiner schneiden und mit
Kohlrabi, zerkleinerten Kartoffeln und Apfelsaft
pürieren. 5 EL Öl unterrühren. Brei portionieren.

3 Für die Mutter übrige Kartoffeln in Spalten
schneiden. Übriges Fleisch in 1 EL Öl rundherum
5–6 Min. bei mittlerer Hitze braten. Salzen und
pfeffern. Kartoffelspalten und übrigen Kohlrabi zum
Fleisch geben, kurz mitbraten. Salzen und pfeffern.
Dill waschen, trocken schütteln und hacken. Dill,
Schmant und Zitronenschale verrühren und unter
die Geflügelpfanne heben.

links: Geflügelpfanne | rechts: Kohlrabibrei mit Pute

vollwertig | einfach

Möhrenbrei | Griechisches Kartoffelgemüse

*Möhren gehören zu den Lieblingsgemüsesorten der meisten Babys! Sie schmecken
angenehm süß – eine Geschmacksrichtung, die Kinder schon von Geburt an mögen.*

400 g Kartoffeln
900 g Möhren
250 g Hähnchenbrustfilet
100 ml Fencheltee
6 EL Rapsöl
Salz | Pfeffer
50 g Schafkäse (Feta)
20 g schwarze Oliven ohne Stein
1–2 Stängel Petersilie

Für 5 Babyportionen und 1 Erwachsenenportion
◎ 45 Min. Zubereitung
Pro Portion (Baby/Mutter) ca. 170/605 kcal,
7/49 g EW, 10/25 g F, 13/46 g KH

1 Kartoffeln waschen und mit Schale in kochendem Wasser zugedeckt in 20–25 Min. garen. Inzwischen Möhren putzen, schälen, waschen und in
kleine Würfel schneiden. 100 g Hähnchenbrustfilet
grob würfeln. Möhren- und Fleischwürfel in 100 ml
Wasser ca. 15 Min. zudeckt bei mittlerer Hitze garen
(Bild 1). Evtl. etwas Wasser nachgießen.

2 Für den Kinderbrei alle Fleischwürfel und 500 g
Möhrenwürfel herausnehmen, Fleisch in kleine
Würfel schneiden. Kartoffeln abgießen, abschrecken und pellen. 250 g Kartoffeln abnehmen, klein
schneiden. Klein geschnittene Kartoffeln, Fleischwürfel, Gemüse und Tee fein pürieren (Bild 2).
5 EL Öl unterrühren. Brei portionieren.

3 Für die Mutter übrige Kartoffeln halbieren. Übriges Fleisch in mundgerechte Stücke schneiden und
in 1 EL heißem Öl 3–5 Min. bei mittlerer Hitze rundherum anbraten. Mit Salz und Pfeffer würzen. Kar-
toffelhälften und restliche Möhren in die Pfanne
zum Fleisch geben und erhitzen. Mit Salz und Pfeffer würzen. Fetakäse darüberbröckeln, Oliven halbieren und darübergeben. Petersilie waschen, trocken schütteln und klein hacken. Das Gericht mit
Petersilie bestreuen.

TAUSCH-TIPPS

Anstelle der Möhren eignen sich auch Kürbis, Pastina-
ke, Steckrübe, Kohlrabi, Zucchini, Fenchel oder Knollen-
sellerie.

Statt Hähnchenbrustfilet können Sie auch Puten-,
Lamm-, Schweine- oder Rinderfilet bzw. Rinderhackfleisch verwenden.

Der Fencheltee kann durch Apfel-, Orangen-, Möhrensaft
oder Pfefferminztee ersetzt werden.

links: Griechisches Kartoffelgemüse | rechts: Möhrenbrei

magenberuhigend

Gurkenbrei mit Lamm | Eieromelett »India«

450 g Kartoffeln | 2 Salatgurken (ca. 1 kg)
200 g Lammlachse (ausgelöster Lammrücken)
200 ml Pfefferminztee
6 EL Rapsöl | 2 Eier
Salz | Pfeffer
1 Msp. gemahlener Kreuzkümmel
2 EL Vollmilchjoghurt
1 TL gehackte Minze

Für 5 Babyportionen und 1 Erwachsenenportion
⏱ 1 Std. Zubereitung | Pro Portion (Baby/Mutter)
ca. 165/535 kcal, 6/40 g EW, 11/28 g F, 11/32 g KH

1 Kartoffeln waschen und mit Schale in kochendem Wasser zugedeckt in 20–25 Min. garen. Inzwischen Gurken schälen, halbieren, entkernen und klein würfeln. 100 g Fleisch grob würfeln und mit 600 g Gurkenwürfeln in dem Tee ca. 10 Min. zugedeckt bei mittlerer Hitze garen. Kartoffeln abgießen, abschrecken und pellen.

2 Für den Kinderbrei 300 g Kartoffeln klein schneiden. Gegartes Fleisch herausnehmen und klein würfeln. Kartoffeln, Fleisch und Gurkengemüse fein pürieren. 5 EL Öl unterrühren, portionieren.

3 Für die Mutter übrige Kartoffeln würfeln. Übriges Fleisch klein würfeln und in 1 EL heißem Öl ca. 5 Min. braten. Kartoffelwürfel zugeben und kurz mitbraten. Eier verquirlen und mit Salz, Pfeffer und Kreuzkümmel würzen. Joghurt mit Salz, Pfeffer und Minze würzen und mit übrigen Gurkenwürfeln mischen. Eier über Fleisch und Kartoffeln geben, stocken lassen. Omelett mit Gurkensalat anrichten.

schön herbstlich

Kürbisbrei | Kokossuppe

400 g Kartoffeln | 1 kg Kürbis
200 g Hähnchenbrustfilet
200 ml Orangensaft oder Apfelsaft
6 EL Rapsöl
Salz | Pfeffer
1 kleine Dose Kokosmilch (165 ml)
1–2 TL Sojasauce
1 TL gehacktes Koriandergrün

Für 5 Babyportionen und 1 Erwachsenenportion
⏱ 1 Std. Zubereitung | Pro Portion (Baby/Mutter)
ca. 180/510 kcal, 7/32 g EW, 10/12 g F, 14/66 g KH

1 Kartoffeln waschen und mit Schale in kochendem Wasser zugedeckt in 20–25 Min. garen. Inzwischen Kürbis putzen, schälen, waschen und in kleine Würfel schneiden. 100 g Fleisch grob würfeln. Kürbis- und Fleischwürfel in 150 ml Wasser ca. 10 Min. zugedeckt bei mittlerer Hitze garen. Kartoffeln abgießen, abschrecken und pellen.

2 Für den Kinderbrei gegartes Fleisch und 500 g Kürbis herausnehmen. Fleisch klein schneiden. 250 g Kartoffeln abnehmen und klein schneiden. Kartoffeln und Fleisch zum Kürbis geben. 100 ml Orangensaft zugeben, alles pürieren. 5 EL Öl unterrühren. Brei portionieren.

3 Für die Mutter übriges Fleisch würfeln. In 1 EL heißem Öl ca. 5 Min. braten. Salzen und pfeffern. Übrige Kartoffeln klein schneiden, zum übrigen Kürbis geben. Übrigen Saft und die Kokosmilch zugeben, alles pürieren, aufkochen. Mit Sojasauce abschmecken. Fleischwürfel in die Suppe geben. Mit Koriander bestreuen.

links: Kokossuppe | rechts: Kürbisbrei

Zucchinibrei mit Apfelsaft

Aus 1 mach 3! Hier werden die Zutaten für Mamas Zucchinipfanne und den Salat mit dem Babybrei gleich mitgekocht. Das ist praktisch und spart Zeit!

500 g Kartoffeln | 1 kg Zucchini | 100 g Schweinefilet | 100 ml Apfelsaft | 5 EL Rapsöl

Für 5 Babyportionen | 30 Min. Zubereitung
Pro Portion ca. 175 kcal, 7 g EW, 11 g F, 12 g KH

1 Kartoffeln waschen und mit Schale in kochendem Wasser zugedeckt in 20–25 Min. garen. Inzwischen Zucchini putzen, waschen und in Würfel schneiden. Fleisch grob würfeln. Zucchini- und Fleischwürfel in 100 ml Wasser ca. 8 Min. zugedeckt bei mittlerer Hitze garen. Evtl. etwas Wasser nachgießen. Kartoffeln abgießen, abschrecken und pellen.

2 Für den Kinderbrei 500 g Zucchiniwürfel und alle Fleischwürfel herausnehmen. 250 g Kartoffeln abnehmen und klein schneiden. Fleisch in kleine Würfel schneiden. Kartoffeln und Fleischwürfel zum

Zucchinigemüse geben. Apfelsaft zugeben und alles fein pürieren.

3 Öl unterrühren und den Brei portionieren. Für die Mutter übrige Kartoffeln und übrige Zucchiniwürfel auskühlen lassen und bis zur Weiterverwendung zugedeckt kalt stellen.

TAUSCH-TIPP
Statt Filet vom Schwein können Sie auch Hähnchenfilet oder Putenschnitzel verwenden.

raffiniert | fruchtig

Zucchinipfanne mit Äpfeln

1 kleiner rotschaliger Apfel | 1 Frühlingszwiebel | 150 g Schweinefilet | 1 EL Rapsöl | Salz | Pfeffer | ca. 100 g gegarte Pellkartoffeln (s. S. 18) | ca. 200 gegarte Zucchini (s. S. 18) | 1 Msp. getrockneter Thymian | 1 EL Crème fraîche

Für 1 Erwachsenenportion | 🕐 20 Min. Zubereitung
Pro Portion ca. 460 kcal, 38 g EW, 20 g F, 31 g KH

1 Apfel waschen, vierteln, dabei das Kerngehäuse entfernen. Apfelviertel in Spalten schneiden. Frühlingszwiebel putzen, waschen und in Ringe schneiden. Schweinefilet würfeln und im heißen Öl bei mittlerer Hitze 5–6 Min. rundherum goldbraun braten. Salzen und pfeffern. Apfel und Frühlingszwiebel zugeben und kurz mitbraten.

2 Kartoffeln klein schneiden und mit den Zucchini unterheben. Mit Salz, Pfeffer und Thymian würzen. Alles kurz erhitzen. Crème fraîche daraufgeben.

Italien lässt grüßen

Gemüsesalat mit Schinken

1 Frühlingszwiebel | 50 ml Gemüsebrühe | 1 EL weißer Aceto balsamico | Salz | Pfeffer | Zucker | 1 EL Olivenöl | ca. 100 g gegarte Pellkartoffeln (s. S. 18) | ca. 200 g gegarte Zucchini (s. S. 18) | 1 Tomate | 2 Stängel Basilikum | 1 TL frisch gehobelter Parmesan | 3 Scheiben Parmaschinken

Für 1 Erwachsenenportion | 🕐 15 Min. Zubereitung
Pro Portion ca. 270 kcal, 11 g EW, 17 g F, 21 g KH

1 Frühlingszwiebel putzen, waschen und in feine Ringe schneiden. Brühe, Essig und Frühlingszwiebel erhitzen. Mit Salz, Pfeffer und 1 Prise Zucker würzen. Topf vom Herd nehmen und Öl unterrühren. Kartoffeln in Scheiben schneiden, Kartoffeln und Zucchini mit der Vinaigrette mischen.

2 Tomate waschen und in Spalten schneiden, Stielansatz entfernen. Basilikum waschen, trocken tupfen und zerzupfen. Kartoffelsalat, Tomatenspalten und Basilikum mischen. Abschmecken, mit Parmesan bestreuen und mit dem Schinken anrichten.

preiswert | ohne Fleisch

Brokkoli-Hirse-Brei | Bratling mit Tomatensalat

Heute kochen wir mal vegetarisch! Die Hirseflocken enthalten viel gesundes Eisen. Damit der Körper Ihres Babys es auch gut verwerten kann, braucht er Vitamin C – wie hier z. B. aus Orangensaft.

400 g Kartoffeln
1 kg Brokkoli (geputzt ca. 700 g)
50 g + 1 EL Hirseflocken (Bioladen oder Drogeriemarkt)
75 ml Orangensaft
8 EL Rapsöl
1 Ei
Salz | Pfeffer
1 Msp. getrockneter Thymian
30 g geriebener Gouda
3–4 EL Paniermehl
2–3 Tomaten
1 TL Essig, z. B. Weißweinessig
1 kleine Frühlingszwiebel

Für 5 Babyportionen und 1 Erwachsenenportion
◎ 50 Min. Zubereitung
Pro Portion (Baby/Mutter) ca. 190/805 kcal,
5/30 g EW, 10/45 g F, 19/69 g KH

1 Kartoffeln waschen und mit Schale in kochendem Wasser zugedeckt in 20–25 Min. garen. Brokkoli putzen, waschen und in kleine Röschen teilen. Brokkoli bei mittlerer Hitze in 350 ml kochendem Wasser ca. 10 Min. zugedeckt garen. Für die Mutter 200 g Brokkoliröschen (ohne Garflüssigkeit) abnehmen und zur Seite stellen. Kartoffeln abgießen, abschrecken und pellen.

2 Für den Kinderbrei 50 g Hirseflocken zum Brokkoli (und der Garflüssigkeit) in den Topf geben und

alles aufkochen lassen. Vom Herd nehmen. 250 g Kartoffeln klein schneiden und dazugeben. Orangensaft zugießen und alles fein pürieren. 5 EL Öl unterrühren und den Brei portionieren.

3 Für die Mutter übrige Kartoffeln klein schneiden und mit dem zur Seite gestellten Brokkoli, 1 EL Hirseflocken und dem Ei zu einem glatten Teig verkneten. Mit Salz, Pfeffer und Thymian würzen. Geriebenen Gouda untermengen. Paniermehl auf einen Teller geben. Teig zu drei Bratlingen formen und im Paniermehl wenden. In 2 EL heißem Öl in einer beschichteten Pfanne bei mittlerer Hitze auf jeder Seite 3–4 Min. braten.

4 Tomaten waschen und vierteln, dabei den Stielansatz entfernen. Tomatenviertel klein schneiden. Essig, Salz und Pfeffer verrühren. 1 EL Öl unterrühren. Frühlingszwiebel putzen, waschen und in feine Ringe schneiden. Tomaten, Zwiebel und Vinaigrette vermengen. Bratlinge mit dem Tomatensalat anrichten.

TIPP FÜR 1 TESTPORTION

1 Portion vegetarischer Mittagsbrei wird aus 50 g Kartoffeln, 100 g Gemüse und 10 g Hafer- oder Hirseflocken, 3–4 EL Orangen- oder Apfelsaft und 1 EL Rapsöl (8–10 g) zubereitet. Wenn er schmeckt und gut vertragen wird, können Sie größere Mengen davon machen.

Fenchel-Birnen-Brei | Toastpizzen

250 g Kartoffeln | 900 g Fenchel (geputzt ca.
600 g) | 2 kleine Birnen | 50 g Hirseflocken |
100 ml Apfelsaft | 5 EL Rapsöl | 2 Scheiben Voll-
korntoast | Salz | Pfeffer | 50 g Blauschimmelkäse
(aus pasteurisierter Milch)

Für 5 Babyportionen und 1 Erwachsenenportion
◎ 50 Min. Zubereitung
Pro Portion (Baby/Mutter) ca. 205/375 kcal,
4/17 g EW, 10/17 g F, 23/37 g KH

1 Kartoffeln waschen und mit Schale in kochendem Wasser zugedeckt in 20–25 Min. garen. Inzwischen Fenchel putzen, waschen und in dünne
Scheiben schneiden. 1 Birne schälen und vierteln,
das Kerngehäuse entfernen und die Viertel würfeln.

2 Fenchel und Birne in 300 ml Wasser zugedeckt
bei mittlerer Hitze 10–15 Min. garen. Für die Mutter
100 g Fenchel ohne Garflüssigkeit abnehmen. Kartoffeln abgießen, abschrecken und pellen.

3 Für den Kinderbrei die Hirseflocken zum Fen-
chel-Birnen-Gemisch in den Topf geben und alles
aufkochen lassen. Topf vom Herd nehmen. Kartoffeln klein schneiden und dazugeben. Den Apfelsaft
zugießen und alles fein pürieren. Das Öl unterrühren und den Brei portionieren.

4 Für die Mutter den Backofengrill vorheizen.
Toasts im Toaster kurz toasten. Übrige Birne
waschen und vierteln, dabei das Kerngehäuse entfernen. Birnenviertel in dünne Spalten schneiden.
Fenchelscheiben und Birnenspalten auf den Toasts
verteilen. Salzen und pfeffern. Käse in Scheiben
schneiden und drauflegen. Toasts unter dem Grill
ca. 5 Min. überbacken.

links: Fenchel-Birnen-Brei | rechts: Toastpizzen

Zucchini-Haferbrei | Lachspfanne

400 g Kartoffeln | 750 g Zucchini | 6 EL Rapsöl | 250 ml Fencheltee | 50 g blütenzarte Haferflocken | 75 ml Apfelsaft | 150 g Lachsfilet | Salz | Pfeffer | 1 Msp. getrocknete italienische Kräuter | 2 getrocknete Tomaten (in Öl) | 25 g Rucola

Für 5 Babyportionen und 1 Erwachsenenportion
🕐 1 Std. Zubereitung
Pro Portion (Baby/Mutter) ca. 180/700 kcal, 4/43 g EW, 10/38 g F, 17/46 g KH

1 Kartoffeln waschen und mit Schale in kochendem Wasser zugedeckt in 20–25 Min. garen. Inzwischen Zucchini putzen, waschen und klein würfeln. 1 EL Öl erhitzen und Zucchini kurz andünsten. Tee zugeben und Zucchini zugedeckt bei mittlerer Hitze ca. 10 Min. garen.

2 250 g Zucchini (ohne Garflüssigkeit) abnehmen und beiseite stellen. Kartoffeln abgießen, abschrecken und pellen.

3 Für den Kinderbrei Flocken zu den Zucchini in den Topf geben und alles aufkochen lassen. Vom Herd nehmen. 250 g Kartoffeln klein schneiden und dazugeben. Apfelsaft zugießen und alles fein pürieren. 4 EL Öl unterrühren. Brei portionieren.

4 Für die Mutter Lachsfilet trocken tupfen und in 1 EL heißem Öl beidseitig 3–4 Min. braten. Salzen und pfeffern. Übrige Kartoffeln klein schneiden, mit den Zucchini zugeben und erhitzen. Mit Salz, Pfeffer und Kräutern würzen. Tomaten in dünne Streifen schneiden und samt Öl unterheben. Rucola putzen, waschen und unterheben. Fisch und Gemüse auf einem Teller anrichten.

für abends | Milch-Getreidebrei ab ca. 6. Monat

Polenta-Möhren-Milchbrei | Curry-Brotaufstrich

Der Tag ist geschafft ... alle sind zu Hause angekommen und haben Hunger – fürs Baby gibt es jetzt einen gehaltvollen Milchbrei, der hilft beim Durchschlafen.

1 Ei
1 große Möhre (ca. 150 g)
200 ml Vollmilch
1 gehäufter EL feiner Maisgrieß (Polenta)
1 EL Schmant
1 Msp. Currypulver
Salz | Pfeffer
Zucker
1 Minigurke
1–2 Stängel Petersilie
2 kleine Scheiben Bauernbrot

Für 1 Baby- und 1 Erwachsenenportion
◉ 25 Min. Zubereitung
Pro Portion (Baby/Mutter) ca. 190/275 kcal,
9/12 g EW, 7/10 g F, 23/34 g KH

1 Das Ei in ca. 10 Min. hart kochen. Inzwischen die Möhre schälen und raspeln. Für den Kinderbrei 80 g Möhrenraspel mit der Milch in einen Topf geben. Milch aufkochen und die Polenta einrühren. Ca. 5 Min. bei kleiner Hitze köcheln lassen. Vom Herd nehmen. Kurz quellen lassen und pürieren.

2 Für die Mutter das Ei abschrecken, pellen und fein hacken. Mit der übrigen geraspelten Möhre in einer Schüssel vermischen. Schmant, Currypulver, Salz, Pfeffer und 1 Prise Zucker unterrühren. Gurke schälen und in Scheiben schneiden. Petersilie waschen, trocken schütteln und klein hacken. Das Brot mit dem Aufstrich bestreichen und mit Petersilie bestreuen. Gurkenscheiben dazuessen.

GUT ZU WISSEN

Polenta ist in den Küchen Italiens, Österreichs und der Schweiz sowie auf dem Balkan schon lange zu Hause. Und auch bei uns wird das gelbe Maismehl immer beliebter. Kein Wunder, denn außer mit dem günstigen Preis und der einfachen Zubereitungsart besticht Polenta mit vielen tollen Inhaltsstoffen, z. B. mit B-Vitaminen, Magnesium und Eisen. Sein mild-süßlicher Geschmack harmoniert besonders gut mit geriebenem Käse, wie z. B. Parmesan (siehe Kurzrezept unten). Besonders köstlich schmeckt Polenta zu herzhaften Fleischgerichten mit kräftigen dunklen Saucen.

Käsepolenta für 2–3 Personen

Je 300 ml Gemüsebrühe und Milch zum Kochen bringen. 150 g Polenta einrühren, aufkochen und bei kleiner Hitze ca. 10 Min. quellen lassen. Dabei regelmäßig umrühren. Zum Schluss 1 EL Butter und 50 g frisch geriebenen Parmesan unterrühren. Polenta mit Salz, Pfeffer und frisch geriebener Muskatnuss abschmecken.

unten: Curry-Brotaufstrich | oben: Polenta-Möhren-Milchbrei

Äpfel stärken das Immunsystem

Apfel-Milchbrei | Sellerie-Speck-Salat

1 großer Apfel (ca. 180 g)
200 ml Vollmilch
20 g blütenzarte Haferflocken
3 Scheiben Frühstücksspeck (ca. 30 g)
1 Frühlingszwiebel | 1 EL Rapsöl
1 Glas Selleriesalat (190 g Abtropfgewicht)
2–3 Stängel Petersilie | Salz | Pfeffer

Für 1 Baby- und 1 Erwachsenenportion
⏱ 30 Min. Zubereitung
Pro Portion (Baby/Mutter) ca. 240/360 kcal,
10/12 g EW, 9/26 g F, 31/20 g KH

1 Apfel schälen, entkernen und fein würfeln. Für den Kinderbrei 80 g Apfelwürfel in 100 ml Wasser 2–3 Min. köcheln. Milch zugießen und aufkochen. Haferflocken einrühren und 1–2 Min. bei kleiner Hitze köcheln lassen. Vom Herd nehmen und pürieren.

2 Für die Mutter Speck fein würfeln. Frühlingszwiebel putzen, waschen und in Ringe schneiden. Den Speck im heißen Öl knusprig anbraten, Frühlingszwiebel dazugeben und kurz mitbraten. Selleriesalat abtropfen lassen. Petersilie waschen, trocken schütteln und klein hacken. Selleriesalat mit übrigen Apfelwürfeln, Speckmischung und Petersilie vermengen. Mit Salz und Pfeffer würzen.

ABENDESSEN ZU DRITT?

Der Salat reicht für 2 Erwachsene, wenn Sie 100 g getrocknete Spätzle kochen, abtropfen lassen und untermischen. Dann 5 Scheiben Speck und 2–3 Frühlingszwiebeln braten und unterheben.

Bananen liefern Kalium

Bananen-Grießbrei | Bananen-Toast mit Pute

200 ml Vollmilch
20 g Hart- oder Weichweizengrieß
1 große Banane (ca. 200 g)
2 Scheiben Vollkorntoast
1 EL Schmant
1 Msp. gemahlener Kreuzkümmel
Salz | Pfeffer
2 Scheiben Putenbrustaufschnitt (ca. 40 g)
2 Scheiben Gouda (ca. 50 g)
½ Bund Schnittlauch

Für 1 Kinder- und 1 Erwachsenenportion
⏱ 20 Min. Zubereitung
Pro Portion (Baby/Mutter) ca. 225/445 kcal,
9/25 g EW, 7/20 g F, 31/43 g KH

1 Für den Kinderbrei Milch erwärmen, Grieß einstreuen und einmal aufkochen lassen. Bei kleiner Hitze ca. 3 Min. quellen lassen. Banane schälen, 50 g Banane fein zerdrücken und untermischen.

2 Für die Mutter Backofengrill vorheizen. Toast kurz rösten. Schmant mit Kreuzkümmel, Salz und Pfeffer verrühren und darauf verteilen. Mit Aufschnitt belegen. Übrige Banane in Scheiben schneiden und darauf verteilen. Mit Pfeffer übermahlen und mit Käse belegen. Unter dem Grill ca. 5 Min. überbacken. Schnittlauch waschen, trocken schütteln und darüberstreuen.

für nachmittags | Getreide-Obst-Brei ab dem 7. Monat

Couscous-Birnen-Brei | Süßer Couscous-Salat

Mit diesem schnellen Brei ersetzen Sie die dritte Still- oder Milchmahlzeit am Tag. Gönnen Sie sich und Ihrem Nachwuchs damit nachmittags eine kleine Pause.

80 g Instant-Couscous
2 kleine Birnen (ca. 250 g)
6 EL Orangensaft
2 TL Butter
1 EL flüssiger Honig
1 EL getrocknete Cranberrys
1 EL Mandelstifte
Zimtpulver

Für 1 Kinder- und 1 Erwachsenenportion
⏲ 30 Min. Zubereitung | 15 Min. Abkühlen
Pro Portion (Kind/Mutter) ca. 235/390 kcal,
5/8 g EW, 5/10 g F, 42/68 g KH

1 300 ml Wasser aufkochen. Couscous einstreuen. Kurz aufwallen lassen und vom Herd nehmen. Couscous ca. 5 Min. quellen lassen. Abkühlen lassen. Mit einer Gabel auflockern.

2 Für den Kinderbrei 100 g Couscous abnehmen. Birnen schälen und vierteln, dabei das Kerngehäuse entfernen. Birnenviertel fein würfeln. 80 g Birnenwürfel abwiegen und mit 3 EL Orangensaft und 1 TL Butter in einen Topf geben und kurz aufkochen. Diese Mischung zum abgenommenen Couscous geben und alles fein pürieren.

3 Für die Mutter den übrigen Orangensaft mit Honig, übriger Butter und den Cranberrys in einen Topf geben. Alles kurz aufkochen lassen und gleich wieder vom Herd nehmen. Mandelstifte in einer Pfanne ohne Fett kurz rösten, bis sie duften. Übrigen Couscous, übrige Birnenwürfel, Orangensaftmischung und geröstete Mandelstifte vermischen. Mit 1 Prise Zimt abschmecken.

GUT ZU WISSEN

Cranberrys kommen ursprünglich aus Nordamerika und sind unseren heimischen Preiselbeeren ähnlich. Roh sind sie nicht genießbar, doch gedünstet in fruchtigen Saucen geben sie ein wunderbares Aroma. Beim amerikanischen Erntedankfest (Thanksgiving) darf die Cranberrysauce zum Truthahn nicht fehlen! Ab September sind sie auch bei uns frisch in der Gemüse- und Obstabteilung vieler Supermärkte zu bekommen. Getrocknet schmecken sie süßlich und sind das ganze Jahr über erhältlich. Sie enthalten besonders viel Vitamin C. Deshalb: Bei Erkältungen Cranberrysaft mit Honig und etwas Zimt erhitzen und möglichst heiß trinken.

unten: Süßer Couscous-Salat | oben: Couscous-Birnen-Brei

fruchtig | schnell

Erdbeer-Grießbrei | Erdbeerquark mit Cantuccini

20 g Hartweizen- oder Weichweizengrieß | 250 g Erdbeeren | 1 TL Butter | 150 g Speisequark (20 % Fett) | 1 EL Vollmilch | ½ TL Vanillezucker | 1 EL Zucker | 3 Cantuccini (ital. Mandelkekse)

Für 1 Kinder- und 1 Erwachsenenportion
⏱ 15 Min. Zubereitung
Pro Portion (Kind/Mutter) ca. 120/330 kcal, 3/22 g EW, 5/13 g F, 17/28 g KH

1 Für den Kinderbrei 90 ml Wasser in einem Topf aufkochen lassen. Grieß einrühren, aufkochen und vom Herd nehmen. Ca. 3 Min. quellen lassen. Erdbeeren waschen und putzen. 60 g Erdbeeren fein würfeln, mit der Butter unter den Grießbrei rühren und alles fein pürieren.

2 Für die Mutter Quark, Milch und Vanillezucker verrühren. Die Hälfte der übrigen Erdbeeren mit Zucker pürieren. Restliche Erdbeeren würfeln.

Quark mit Erdbeerpüree und gewürfelten Erdbeeren anrichten. Cantuccini in Stücke brechen und darüberstreuen.

EINKAUFS-TIPP
Erdbeeren sind kleine Vitamin-C-Bomben. Kaufen Sie reife Früchte, die sind besonders aromatisch und schön süß. Falls Sie säuerliche Exemplare erwischt haben, rühren Sie eine kleine Prise Zucker unter den Kinderbrei.

TAUSCH-TIPP
Der Brei schmeckt im Sommer auch mit Pfirsichen oder Nektarinen. Diese Früchte haben eine recht feste Schale und sollten besser gehäutet werden. Dazu die Haut kreuzweise einschneiden und Früchte ca. 20 Sek. in kochendes Wasser tauchen. Mit dem Schaumlöffel herausnehmen, abschrecken und die Schale abziehen.

Bananen-Haferbrei | Bananen-Nuggets

20 g blütenzarte Haferflocken | 1 große Banane (ca. 200 g) | 2 TL Butter | 1 TL Mehl | 1 TL Mandelstifte | 5 EL Orangensaft | 1 TL flüssiger Honig | 1 Kugel Vanilleeis (ca. 50 g)

Für 1 Kinder- und 1 Erwachsenenportion
⏲ 15 Min. Zubereitung
Pro Portion (Kind/Mutter) ca. 140/335 kcal, 3/5 g EW, 6/13 g F, 19/54 g KH

1 Für den Kinderbrei 100 ml Wasser aufkochen, Flocken einrühren und ca. 2 Min. bei mittlerer Hitze kochen lassen. Banane schälen und 50 g Banane mit einer Gabel fein zerdrücken. Zerdrückte Banane und 1 TL Butter unter den Brei rühren.

2 Für die Mutter übrige Banane in Stücke schneiden und im Mehl wenden. 1 TL Butter in einer beschichteten Pfanne erhitzen. Bananenstücke und Mandelstifte darin unter gelegentlichem Wenden bei mittlerer Hitze 3–4 Min. goldbraun braten.

3 Orangensaft und Honig verrühren. Über die Banane gießen und aufkochen. Ca. 1 Min. köcheln lassen. Banane, Mandelsauce und Vanilleeis anrichten.

TAUSCH-TIPP

Auch dieser Brei lässt sich prima variieren! Statt Haferflocken passen Hirseflocken oder feiner Maisgrieß (Polenta). Statt Banane schmeckt ungesüßtes Apfelmus oder pürierte Früchte der Saison (z. B. Erdbeeren, Pfirsiche oder Aprikosen).

Ab dem 10. Monat

Jetzt können Sie bald gemeinsam essen! Wenn Ihr Baby einige Minuten frei auf dem Boden sitzen kann, ist es Zeit für den Babyhochstuhl und das gemeinsame Essen am Tisch. Fangen Sie mit dem Frühstück an. Auch wenn viele Kinder morgens noch Milch bekommen, können die Kleinen später mit Ihnen am Tisch eine Kleinigkeit mitfrühstücken.

Startermüsli | Crunchy-Müsli

1 große Banane (ca. 200 g)
3 EL Fencheltee
1 EL ungesüßtes Apfelmus (aus dem Glas)
4 EL Vollmilchjoghurt
50 g blütenzarte Haferflocken
1 EL gehackte Mandeln
1 EL brauner Zucker
100 g frisches Obst der Saison (z. B. Erdbeeren,
Apfel, Birne oder Pfirsich)
100 ml Vollmilch

Für 1 Kinder- und 1 Erwachsenenportion
🕐 25 Min. Zubereitung
Pro Portion (Kind/Mutter) ca. 125/445 kcal,
4/13 g EW, 2/14 g F, 23/17 g KH

1 Banane schälen und für das Kind 50 g Banane
mit einer Gabel fein zerdrücken. Mit Fencheltee verrühren. Das Apfelmus und 1 EL Joghurt untermischen. 20 g Haferflocken unterrühren.

2 Für die Mutter Mandeln in einer Pfanne bei mittlerer Hitze ohne Fett rösten, bis sie duften. Übrige
Flocken zugeben und kurz mitrösten. Mit Zucker bestreuen und unter ständigem Rühren karamellisieren
lassen. Vom Herd nehmen und abkühlen lassen.

3 Übrige Banane würfeln. Übrigen Joghurt in ein
Schälchen geben. Obst putzen, waschen und klein
schneiden. Obst, Banane und geröstete Flocken
zum Joghurt geben. Milch darübergießen.

GUT ZU WISSEN
Je mehr feste Nahrung Ihr Kind zu sich nimmt, desto
größer wird sein Durst. Bieten Sie ihm zwischendurch
immer wieder etwas an. Am besten Wasser, Schorle
oder dünn aufgebrühten Tee.

links: Startermüsli | rechts: Crunchy-Müsli

schnell | glutenfrei

Möhrenrisotto | Erbsenreis mit Schinken

1 große Möhre (ca. 130 g)

1 EL Butter

120 g Reisflocken

400 ml leicht gesalzene Gemüsebrühe

150 ml Vollmilch

½ Scheibe Butterkäse (ca. 10 g)

2–3 Stängel Petersilie

50 g TK-Erbsen | Salz

1 Scheibe gekochter Schinken (ca. 30 g)

1 EL Olivenöl | Pfeffer

10 g Parmesan

Für 1 Kinder- und 1 Erwachsenenportion
◎ 30 Min. Zubereitung
Pro Portion (Kind/Mutter) ca. 235/645 kcal,
8/23 g EW, 7/28 g F, 34/75 g KH

1 Möhre schälen, fein würfeln. Butter erhitzen, Möhrenwürfel bei mittlerer Hitze darin ca. 5 Min. zugedeckt garen. Reisflocken zugeben, kurz mitgaren. Unter Rühren nach und nach Brühe und Milch zugießen. 2–3 Min. köcheln lassen. Vom Herd nehmen, zugedeckt ca. 5 Min. quellen lassen.

2 Für das Kind Butterkäse fein würfeln. Petersilie waschen, trocken schütteln und hacken. Etwa ein Drittel vom Möhrenrisotto abnehmen, Käse unterrühren und mit Petersilie bestreuen.

3 Für die Mutter Erbsen in kochendem Salzwasser ca. 1 Min. garen, abgießen. Schinken in Streifen schneiden. Übriges Möhrenrisotto, Erbsen und Olivenöl vermengen. Salzen und pfeffern. Schinken darübergeben und Parmesan darüberhobeln.

eisenreich

Zucchini-Hack-Gemüse | Zucchinigemüse »Asia«

250 g Kartoffeln | 300 g Zucchini

1 kleine Zwiebel

200 g Rinderhackfleisch

2 TL Rapsöl

1 Ei | Salz | Pfeffer

1 kleine rote Paprikaschote

1 TL Sesamsamen | 1 TL Sojasauce

Für 1 Kinder- und 1 Erwachsenenportion
◎ 40 Min. Zubereitung
Pro Portion (Kind/Mutter) ca. 225/600 kcal,
19/46 g EW, 10/32 g F, 15/33 g KH

1 Kartoffeln waschen und mit Schale zugedeckt in 20–25 Min. garen. Inzwischen Zucchini putzen, waschen und klein würfeln. Zwiebel schälen, fein hacken. Hackfleisch in 1 TL heißem Öl krümelig braten. Zucchini und Zwiebel dazugeben und mit 100 ml Wasser zugedeckt ca. 5 Min. bei mittlerer Hitze garen. Mischung in eine Schüssel geben.

2 Für die Mutter Paprika putzen, waschen und würfeln. Ei aufschlagen und in 1 TL heißem Öl zum Spiegelei braten, salzen und pfeffern. Paprika über das Spiegelei streuen und mitbraten, wieder salzen und pfeffern. Sesamsamen darüberstreuen.

3 Kartoffeln abgießen, abschrecken und pellen. In kleine Würfel schneiden und zum Hackfleisch in die Schüssel geben. Alles mit einem Kartoffelstampfer grob zerstampfen. Für das Kind ca. ein Drittel Zucchini-Hack-Gemüse abnehmen. Für die Mutter übriges Gemüse mit dem Spiegelei anrichten und mit Sojasauce würzen.

unten: Möhrenrisotto | oben: Erbsenreis mit Schinken

kräuterfrisch | schnell

Bunte Nudeln | Chilinudeln mit Lammkoteletts

Nudeln machen glücklich – und zwar Mutter und Kind! Und wenn noch jemand mitessen will? Auch kein Problem – einfach nur etwas mehr Nudeln und Erbsen kochen. Und noch flugs drei Koteletts mehr in die Pfanne!

100 g Hörnchennudeln
50 g TK-Erbsen
1 kleine Dose Mais (ca. 200 g Füllgewicht)
30 g Putenbrustaufschnitt
2 EL Kräuter-Crème-fraîche
1 kleine rote Chilischote
2 TL Olivenöl
1 TL Tomatenmark | 2 EL Sweet Chilisauce
Salz | Pfeffer
3 Lammstielkoteletts
1–2 Zweige Rosmarin

Für 1 Kinder- und 1 Erwachsenenportion
    30 Min. Zubereitung
Pro Portion (Kind/Mutter) ca. 310/1040 kcal,
15/36 g EW, 7/59 g F, 47/93 g KH

1 Nudeln nach Packungsangabe in Wasser ohne Salz kochen. 5 Min. vor Garzeitende Erbsen zugeben und mitgaren. Mais in ein Sieb abgießen und abtropfen lassen. Putenbrustaufschnitt in kleine Würfel schneiden. Nudeln und Erbsen in ein Sieb abgießen und abtropfen lassen. Mit dem Mais in einer Schüssel vermischen.

2 Für das Kind etwa ein Drittel von dieser Mischung abnehmen und mit dem gewürfelten Aufschnitt und 1 EL Crème fraîche verrühren.

3 Für die Mutter Chilischote waschen, entkernen und fein hacken. In 1 TL heißem Olivenöl andünsten.

Tomatenmark und Chilisauce zugeben. Mit Salz würzen. Vom Herd nehmen und mit der übrigen Nudel-Erbsen-Mais-Mischung vermengen.

4 Koteletts trocken tupfen. In 1 TL heißem Olivenöl auf beiden Seiten 3–5 Min. braten. Rosmarin waschen, trocken tupfen und kurz mitbraten. Die Koteletts salzen und pfeffern. Für die Mutter die Chilinudeln und die gebratenen Lammkoteletts mit 1 EL Crème fraîche anrichten.

GUT ZU WISSEN

Kaum ein anderes Gemüse hat eine so große Fangemeinde wie die kleine grüne Erbse. Dies ist der Verdienst moderner Konservierungsmethoden, wie z. B. dem Tiefgefrieren. Denn die Saison von Mai bis August ist recht kurz, und Erbsen lassen sich nicht lange lagern. Frische Erbsen wandeln den enthaltenen Zucker schnell in Stärke um und schmecken dann unangenehm mehlig. Greifen Sie lieber zu Tiefkühlware statt zu Konserven. Denn die sofort nach der Ernte gefrorenen Erbsen stehen in Geschmack und Vitamingehalt den frischen kaum nach.

Erbsen mit frischer Minze für 2–3 Personen

300 g TK-Erbsen (oder 1 kg frische Erbsen in Schoten) in wenig Salzwasser ca. 10 Min. garen. Dann abgießen und in 1 EL Butter schwenken. Je 1 EL frische gehackte Minze und Dill unterheben. Schmeckt toll zu Lamm oder gebratenem Schaf- oder Halumikäse.

Couscous mit Lachssauce | Couscous-Salat

120 g Instant-Couscous | 1 große gelbe Paprika-
schote (ca. 250 g) | 1 TL Butter | 100 ml Brühe |
1 EL Crème fraîche | 250 g Lachsfilet | 1 Frühlings-
zwiebel | 2 EL Olivenöl | Salz | Pfeffer | 5 EL Oran-
gensaft | 1 EL Essig | Zucker | 1 Msp. gemahlener
Kreuzkümmel

Für 1 Kinder- und 1 Erwachsenenportion
    40 Min. Zubereitung
Pro Portion (Kind/Mutter) ca. 355/625 kcal,
19/44 g EW, 13/23 g F, 39/59 g KH

1 Couscous mit 180 ml kochendem Wasser über-
gießen und ca. 5 Min. quellen lassen. Paprika halbieren, putzen und waschen. Für das Kind eine
Hälfte fein würfeln und in der Butter andünsten. Mit
Brühe ablöschen, aufkochen und ca. 5 Min. köcheln
lassen. Crème fraîche einrühren und aufkochen.
Lachs trocken tupfen, 60 g Lachs klein würfeln. In
die Sauce geben und bei mittlerer Hitze ca. 5 Min.
gar ziehen lassen.

2 Couscous mit einer Gabel auflockern. Für das
Kind ca. 100 g Couscous abnehmen und mit der
Paprika-Lachs-Sauce anrichten.

3 Für die Mutter die Frühlingszwiebel putzen,
waschen und in Ringe schneiden. Übrige Paprika-
hälfte klein schneiden. Übrigen Lachs würfeln und
in 1 EL heißem Olivenöl in einer Pfanne ca. 5 Min.
bei mittlerer Hitze rundherum braten. Frühlingszwiebel und Paprika dazugeben, kurz mitbraten.
Salzen, pfeffern und zum übrigen Couscous geben.
Orangensaft, Essig, 1 Prise Zucker, Salz, Pfeffer und
Kreuzkümmel in der Pfanne aufkochen, 1 EL Olivenöl unterrühren und das Ganze als Dressing über
den Couscous-Salat geben.

links: Couscous mit Lachssauce | rechts: Couscous-Salat

Spinat mit Kartoffelbrei | Kartoffelsalat

350 g festkochende Kartoffeln | 150 g TK-Blatt-
spinat | 2 Eier | 1 TL Crème fraîche | 4–5 EL Milch |
1 TL Butter | 1 EL Essig | 1 TL körniger Senf | Salz |
Pfeffer | Zucker | 1 TL Schnittlauchröllchen |
1 EL Rapsöl | 2 kleine Gewürzgurken | 1 Wiener
Würstchen

Für 1 Kinder- und 1 Erwachsenenportion
   40 Min. Zubereitung
Pro Portion (Kind/Mutter) ca. 320/540 kcal,
15/19 g EW, 16/37 g F, 28/33 g KH

1 Kartoffeln waschen und mit Schale in kochendem Wasser zugedeckt in 20–25 Min. garen. Inzwischen Spinat mit 5 EL Wasser in einem Topf zugedeckt ca. 10 Min. bei mittlerer Hitze auftauen
lassen, bis die Flüssigkeit verdampft ist. Die Eier in
ca. 10 Min. hart kochen. Kartoffeln und Eier abgießen, abschrecken und pellen.

2 Für das Kind den Spinat klein hacken, wieder in
den Topf geben und mit Crème fraîche verrühren.
150 g Kartoffeln klein schneiden, mit Milch und Butter zu Brei zerstampfen. 1 Ei hacken, mit Kartoffel-
brei und Spinat anrichten.

3 Für die Mutter Essig, Senf, Salz, Pfeffer, 1 Prise
Zucker und Schnittlauch verrühren. Öl untermischen. Gurken würfeln, Würstchen in Scheiben
schneiden. Übrige Kartoffeln in Scheiben schneiden, mit der Vinaigrette, Gurken und Würstchen
mischen. Mit Salz und Pfeffer abschmecken. Ei halbieren, mit Kartoffelsalat anrichten.

raffiniert | vegetarisch

Gemüsepfannkuchen | Wurst-Gemüse-Schmarren

*Damit Ihr Baby wachsen und gedeihen kann, braucht es ausreichend Eisen!
In diesem vegetarischen Essen steckt jede Menge davon: Haferflocken, Eigelb und
Sesam bringen alles mit für eine optimale Versorgung.*

1 kleine Möhre (ca. 80 g)
1 kleiner Zucchino (ca. 100 g)
50 g Mehl
50 g blütenzarte Haferflocken
Salz
2 Eier
120 ml Milch
1 EL Tahin (Sesampaste)
2 EL Rapsöl
50 g geriebener Emmentaler
Pfeffer
50 g Kabanossi

Für 1 Kinder- und 1 Erwachsenenportion
    50 Min. Zubereitung
Pro Portion (Kind/Mutter) ca. 380/810 kcal,
16/37 g EW, 23/49 g F, 27/56 g KH

1 Möhre schälen, Zucchino putzen und waschen.
Beides fein raspeln. Mehl, Haferflocken, 1 Prise
Salz, Eier, Milch und Tahin verrühren. Gemüse-
raspel unterheben und diesen Teig ca. 10 Min.
quellen lassen.

2 Für das Kind 1 EL Öl in einer beschichteten Pfanne erhitzen und knapp ein Drittel des Teiges darin
verteilen. Den Pfannkuchen ca. 4 Min. bei kleiner
Hitze zugedeckt braten. Pfannkuchen wenden und
20 g Käse aufstreuen. Zugedeckt weitere 4 Min.
braten. Warm stellen.

3 Für die Mutter übrigen Teig salzen und pfeffern.
Kabanossi in dünne Scheiben schneiden. 1 EL Öl
erhitzen und Kabanossi darin kurz anbraten. Teig
dazugießen, in der Pfanne verteilen und ca. 4 Min.
bei kleiner Hitze zugedeckt braten.

4 Pfannkuchen wenden und mit übrigem Käse
bestreuen. Zugedeckt weitere 4 Min. braten. Pfannkuchen wie einen Kaiserschmarren in Stücke teilen
und mit Pfeffer übermahlen. Dazu passt grüner
Salat.

GUT ZU WISSEN
Tahin ist eine cremige Paste, die aus fein gemahlenen
Sesamsamen hergestellt wird. Sie hat einen wunderbar
nussigen, vollmundigen Geschmack. Tahin spielt eine
große Rolle in der orientalischen Küche. In Hummus,
der berühmten Kichererbsenpaste, ist Tahin ein fester
Bestandteil. Sie schmeckt auch wunderbar verrührt mit
ausgepresstem Knoblauch und Zitronensaft als Dip zu
gebratenem Fleisch und Gemüse. Tahin passt aber auch
ins Müsli, in Salatsaucen oder statt Butter auf das Käse-
brot. Nach dem Öffnen sollte Tahin kühl und dunkel auf-
bewahrt werden.

Buttermilchwaffeln | Käsewaffeln

Das macht Spaß! Teig rühren, backen und die warmen Waffeln gemeinsam verputzen – und wenn etwas übrig bleibt? Einfach kurz in den Toaster und aufwärmen.

50 g Butter | 2 Eier (M) | Salz | 100 g Mehl |
2 EL Hirseflocken | 100 ml Buttermilch |
100 g Sahne | ½ Päckchen Vanillezucker |
1 TL Puderzucker | 1 Scheibe Bergkäse (ca. 30 g) |
½ TL getrockneter Thymian | Fett für das Waffeleisen

Für 1 Kinder- und 1 Erwachsenenportion
⏲ 30 Min. Zubereitung
Pro Stück (Kind/Mutter) ca. 360/380 kcal,
8/12 g EW, 21/26 g F, 34/24 g KH

1 Butter schmelzen. Eier mit 1 Prise Salz und geschmolzener Butter in einer Schüssel verrühren. Mehl und Hirseflocken mischen und abwechselnd mit Buttermilch und Sahne unter die Eier rühren.

2 Teig halbieren. Für das Kind unter eine Hälfte Vanillezucker und Puderzucker rühren. Für die Mutter Käse in kleine Würfel schneiden und mit ½ TL Salz und Thymian unter den übrigen Teig rühren.

3 Das Waffeleisen fetten. Für das Kind zuerst zwei süße Waffeln goldbraun backen. Dann für die Mutter aus dem herzhaften Teig zwei Waffeln goldbraun backen.

UND DAZU?
Zu den herzhaften Waffeln schmeckt ein frischer Salat mit Kräuter-Schmant-Dressing.
Auch lecker: Waffeln in Herzen teilen und einen selbst gemachten Kräuterquark dippen.
Die süßen Waffeln schmecken mit Erdbeerquark.

links: Buttermilchwaffeln | rechts: Käsewaffeln

so wird jeder Tag zum Sonntag

Vanille- und Malaga-Muffins

2 EL Rosinen | 3 EL brauner Rum (ersatzweise Orangensaft) | 50 g Zartbitterschokolade | 150 g weiche Butter | 30 g Zucker | 1 TL Vanillezucker | 3 Eier (M) | 180 g Mehl | ½ TL Backpulver | 60 ml Milch | Fett und Mehl für die Form

Für 7 Kinder- und 5 Erwachsenenmuffins
◔ 20 Min. Zubereitung | 25 Min. Backen
Pro Muffin (Kind/Mutter) ca. 155/320 kcal, 3/5 g EW, 10/18 g F, 12/29 g KH

Backofen auf 180° vorheizen. Rosinen in Rum einweichen. Schokolade hacken. Butter, Zucker und Vanillezucker cremig rühren. Eier nacheinander unterrühren. Mehl und Backpulver mischen und abwechselnd mit der Milch unter den Teig rühren. Teig halbieren. Für die Mutter unter eine Hälfte Rumrosinen samt Flüssigkeit und Schokolade rühren. Muffinblech fetten und mit Mehl bestäuben. Malagateig in 5, Vanilleteig in 7 Mulden füllen. Muffins im Ofen (Mitte, Umluft 160°) 20–25 Min. backen.

schmeckt nach mehr

Aprikosenaufstrich

100 g getrocknete Soft-Aprikosen | 1 große Banane | 3 EL Butter | 100 g gemahlene Mandeln | 1 TL flüssiger Honig | 1 gute Msp. Zimtpulver | 1 TL Zitronensaft

Für 300 g | ◔ 20 Min. Zubereitung
Pro EL (ca. 15 g) ca. 60 kcal, 1 g EW, 4 g F, 4 g KH

1 Aprikosen fein würfeln. Banane schälen und mit einer Gabel zerdrücken. Butter in einer Pfanne erhitzen, Mandeln darin goldbraun rösten. Vom Herd nehmen. Aprikosenwürfel und Bananenmus zu den Mandeln geben und das Ganze pürieren.

2 Aufstrich halbieren. Für die Mutter die Hälfte vom Aufstrich mit Honig, Zimt und Zitronensaft abschmecken.

VORRATS-TIPP
Aufstrich in ein Glas mit Schraubdeckel geben. Er hält im Kühlschrank ca. 1 Woche.

Irmtraud Treude | kraeuterfee

Süße Grießklöße

Das Sieger-Rezept des Großen GU-Rezeptwettbewerbs auf küchengötter.de! Mit ihrem Rezept für kleine wie große Süßschnäbel überzeugte Küchengöttin Irmtraud Treude die Kochbuchredaktion.

1 l Milch
75 g Zucker
1 TL Vanillezucker
400 g Hartweizengrieß
2 Eier (L)
Salz
Zimt-Zucker zum Bestreuen

Für 5–6 Portionen (28 Klöße)
⏱ 25 Min. Zubereitung | 30 Min. Ruhen
25 Min. Garen | Bei 6 Portionen pro Portion
ca. 405 kcal, 15 g EW, 8 g F, 67 g KH

1 Die Milch mit dem Zucker und dem Vanillezucker in einen Topf geben und zum Kochen bringen. Den Grieß in die kochende Milch schütten und alles rasch gründlich verrühren. Die Herdplatte ausstellen, aber den Topf darauf stehen lassen. Mit einem Kochlöffel so lange rühren, bis die Masse zum Kloß »abbrennt«, das heißt, sich am Topfboden eine weißliche Masse bildet.

2 Topf von der Herdplatte nehmen. 1 Ei aufschlagen und kurz verrühren. Das Ei zum Grieß geben und unterrühren. Nach 10 Min. das übrige Ei aufschlagen, kurz verrühren und zur Grießmasse geben. Gründlich untermischen. Das geht am besten, indem man es mit der Faust einknetet.

3 Die Grießmasse 30 Min. ruhen lassen, damit der Grieß ausquellen kann.

4 In einem großen Topf Wasser zum Kochen bringen und 2 Prisen Salz hineingeben. Mit einem nassen Esslöffel Klöße oder Nocken vom Grießteig abstechen, wenn nötig, mit feuchten Händen nachformen. Die Klöße ins Wasser geben, einmal kurz aufkochen lassen und die Klöße bei kleiner Hitze 20–25 Min. garen.

5 Gegarte Klöße mit dem Schaumlöffel aus dem Wasser heben und in eine Schüssel geben. Mit Zimt-Zucker bestreuen und servieren.

UND DAZU?
Obstkompott schmeckt fein zu den Grießklößen, aber auch Vanillesauce.

Ab 1½ Jahren

Ihr Baby wird langsam zum Kleinkind! Es kann alleine aus dem Becher trinken und freundet sich mit dem eigenen Löffel an. Im Laufe des 2. Lebensjahres brechen die Backenzähne durch. Für die Essensplanung bedeutet das, langsam auf festere Nahrung umzustellen. Kinder mögen milde Geschmacksrichtungen. Das lustig bunte Gulasch mit Mais und kleinen Würstchen ist da genau richtig!

Würstchen-Gulasch | Tex-Mex-Auflauf

200 g Kartoffeln | 100 g Champignons
1 kleine Zwiebel | 100 g Kirschtomaten
1 EL Rapsöl
200 ml Tomatensaft
1 TL gekörnte Gemüsebrühe
1 kleine Dose Mais (ca. 200 g Füllgewicht)
100 g Mini-Würstchen (aus dem Glas)
Salz | Pfeffer
Je 1 Prise Zucker und gemahlener Kreuzkümmel
1 EL Schmant | 1 EL geriebener Gouda

Für 1 Kinder- und 1 Erwachsenenportion
◎ 50 Min. Zubereitung
Pro Portion (Kind/Mutter) ca. 230/490 kcal,
7/17 g EW, 14/29 g F, 21/42 g KH

1 Kartoffeln waschen und mit Schale in kochendem Wasser zugedeckt in 20–25 Min. garen. Pilze
putzen und halbieren. Zwiebel schälen und fein
würfeln. Tomaten waschen und halbieren. Öl erhitzen, Pilze rundherum anbraten. Zwiebel kurz mitbraten. Mit Tomatensaft ablöschen. Brühe einrühren, Tomaten zugeben und alles ca. 5 Min. bei
kleiner Hitze sanft kochen.

2 Mais in ein Sieb abgießen, kalt abspülen und
abtropfen lassen. Mais und Würstchen in die Sauce
geben. Kartoffeln abgießen, abschrecken und pellen, dann würfeln und unterheben. Alles aufkochen.
Etwa ein Drittel vom Würstchen-Gulasch für das
Kind abnehmen.

3 Für die Mutter Backofengrill vorheizen. Gulasch
mit Salz, Pfeffer, Zucker und etwas Kreuzkümmel
abschmecken, in eine Auflaufform geben. Schmant
und Gouda auf dem Gulasch verteilen. Unter dem
Grill 5 Min. überbacken.

links: Tex-Mex-Auflauf | rechts: Würstchen-Gulasch

für den Vorrat | preiswert

Minikringel | Müslibagels

Selbst gemachte süße Kringel zum Frühstück und für zwischendurch! Der Hefeteig geht von ganz allein und Sie beide können es sich schon mal im Kinderzimmer gemütlich machen und überlegen, wer nachher mitessen darf!

125 ml Milch
500 g Mehl
1 Päckchen Trockenhefe
80 g Zucker
30 g getrocknete Soft-Aprikosen
100 ml Apfelsaft
30 g Walnusskerne
2 Eier
Salz
1 Päckchen Vanillezucker
100 g weiche Butter
Mehl für die Arbeitsfläche

Für 8 Kinderkringel und 6 Erwachsenenbagels
◎ 45 Min. Zubereitung
65 Min. Ruhen | 25 Min. Backen
Pro Bagel (Kind/Mutter) ca. 135/210 kcal,
4/7 g EW, 1/2 g F, 28/43 g KH

1 Milch lauwarm erwärmen. Mehl in eine Schüssel geben und eine Mulde hineindrücken. Hefe, 1 TL Zucker und 5 EL lauwarme Milch zugeben. Mit etwas Mehl vom Rand zu einem Vorteig verrühren. Etwas Mehl darüberstäuben und den Vorteig zugedeckt an einem warmen Ort ca. 20 Min. gehen lassen.

2 Für die Mutter Aprikosen fein würfeln. Aprikosen und Apfelsaft aufkochen und vom Herd nehmen. Nüsse hacken und in einer Pfanne ohne Fett rösten. Mit 1 TL Zucker bestreuen. Zucker unter Rühren

schmelzen lassen, vom Herd nehmen. Aprikosen in ein Sieb gießen und abtropfen lassen.

3 Übrige lauwarme Milch, übrigen Zucker, Eier, 1 Prise Salz, Vanillezucker und die Butter in Stückchen zum Vorteig geben. Alles zuerst mit den Knethaken des Handrührgeräts, dann mit den Händen zu einem glatten Teig verkneten.

4 Teig halbieren. Für die Mutter unter eine Hälfte Aprikosen und Nüsse kneten. Beide Teige zugedeckt an einem Ort ca. 45 Min. gehen lassen.

5 Backofen auf 200° vorheizen. Für die Mutter den Müsliteig nochmals durchkneten. Teig in sechs Stücke teilen. Diese Teigstücke auf der bemehlten Arbeitsfläche zu Würsten rollen und anschließend zu Kringeln mit ca. 10 cm Durchmesser formen. Ein Backblech mit Backpapier auslegen und die Bagels im Ofen (Mitte, Umluft 180°) 12–15 Min. backen.

6 Für die Kinderkringel den übrigen Teig ebenfalls durchkneten und in acht Stücke teilen. Stücke zu langen Würsten rollen und anschließend zu Kringeln mit etwa 8 cm Durchmesser formen. Kringel auf ein mit Backpapier belegtes Blech legen. Sobald die Müslibagels fertig sind, das Blech mit den Kringeln in den Ofen schieben (Mitte) und die Kringel bei gleicher Temperatur ca. 10 Min. backen.

VORRATS-TIPP
Kringel und Bagels lassen sich prima einfrieren.

links: Müslibagels | rechts: Minikringel

schnelles Lieblingsessen

Rahm-Geschnetzeltes | Pfefferhähnchen-Ragout

80 g Langkornreis | Salz
250 g Hähnchenbrustfilet
1 kleine Zwiebel | 2 EL Rapsöl
200 ml Gemüsebrühe
100 g Schmant | 1 TL Mehl
100 g TK-Erbsen | ½ Bund Schnittlauch
1 TL eingelegter grüner Pfeffer (aus dem Glas)
3 EL trockener Weißwein

Für 1 Kinder- und 1 Erwachsenenportion
     35 Min. Zubereitung
Pro Portion (Kind/Mutter) ca. 375/660 kcal,
23/47 g EW, 20/29 g F, 27/53 g KH

1 Reis in kochendem Salzwasser ca. 20 Min. nach Packungsanweisung garen. Inzwischen Hähnchenbrustfilet trocken tupfen und in dünne Streifen schneiden. Zwiebel schälen und würfeln.

2 Öl erhitzen und Fleisch rundherum ca. 5 Min. bei mittlerer Hitze anbraten. Leicht salzen und herausnehmen. Zwiebel im Bratfett andünsten. Mit Brühe ablöschen. Schmant und Mehl verrühren, einrühren und alles aufkochen, ca. 5 Min. köcheln lassen. Erbsen 3 Min. vor Ende der Garzeit vom Reis mitgaren. Schnittlauch waschen, trocken schütteln, klein schneiden und mit Fleisch in die Sauce geben. Reis und Erbsen abgießen und abtropfen lassen.

3 Für das Kind ein Drittel vom Erbsenreis und vom Geschnetzelten abnehmen. Für die Mutter Pfeffer hacken, übriges Geschnetzeltes aufkochen. Wein und Pfeffer zugeben und ca. 1 Min. köcheln lassen. Salzen. Erbsenreis und Ragout anrichten.

Alle lieben Spätzle

Spätzlepfanne | Spätzle mit Majoranbröseln

1 kleine Stange Lauch
100 g Kirschtomaten
200 g Rinderhackfleisch
3 EL Rapsöl | Salz
1 EL Tomatenmark
150 ml Gemüsebrühe
250 g Spätzle (Kühlregal)
2–3 Stiele Majoran
½ Scheibe Toast
Pfeffer

Für 1 Kinder- und 1 Erwachsenenportion
     30 Min. Zubereitung
Pro Portion (Kind/Mutter) ca. 565/815 kcal,
28/47 g EW, 24/43 g F, 60/72 g KH

1 Lauch putzen, in dünne Ringe schneiden und waschen. Tomaten waschen und halbieren. Hackfleisch in 2 EL heißem Öl krümelig braten, salzen und herausnehmen. Lauch im Bratfett andünsten. Tomaten zugeben und salzen. Tomatenmark kurz andünsten. Mit Brühe ablöschen, aufkochen und ca. 2 Min. köcheln lassen.

2 Spätzle in kochendem Salzwasser nach Packungsangabe garen. Abgießen und mit Hackfleisch zum Gemüse geben. Mit Salz abschmecken.

3 Majoran waschen, trocken schütteln und hacken. Toast grob zerbröseln. Majoran und Brotbrösel in 1 EL heißem Öl knusprig braten. Mit Salz und Pfeffer würzen. Knapp ein Drittel der Spätzlepfanne für das Kind abnehmen. Für die Mutter übrige Spätzle mit Majoranbröseln bestreuen.

unten: Pfefferhähnchen-Ragout | oben: Rahm-Geschnetzeltes

vegetarisch

Puffer mit Tomatensauce

250 g mehligkochende Kartoffeln | 1 Möhre |
1 Zwiebel | 3 EL Rapsöl | 200 g Pizzatomaten
(Dose) | Salz | Zucker | 100 g Quark (20 %) | 1 Ei |
1 EL Mehl | Muskatnuss | ½ TL mildes Currypulver

Für 1 Kinderportion | 40 Min. Zubereitung
Pro Portion ca. 320 kcal, 12 g EW, 20 g F, 23 g KH

Kartoffeln waschen und mit Schale zugedeckt in
20–25 Minuten garen. Möhre und Zwiebel schälen
und fein würfeln, in 1 EL heißem Öl ca. 5 Min. andünsten. Tomaten zugeben, aufkochen und ca.
5 Min. kochen lassen. Mit Salz und 1 Prise Zucker
würzen. Kartoffeln abgießen, abschrecken, pellen
und zerstampfen. Quark, Ei und Mehl zugeben und
alles verrühren. Mit Salz, Muskat und Curry würzen.
2 EL Öl in einer beschichteten Pfanne erhitzen. Den
Teig in 5 kleinen Portionen ins Öl setzen und die
Puffer auf beiden Seiten goldbraun braten. Für das
Kind 2 kleine Puffer und ein Drittel der Tomatensauce abnehmen. Den Rest für die Mutter warm stellen.

ganz besonders

Schmarren mit Arti-schockensalat

3–4 Artischockenherzen (aus der Dose) |
1 Handvoll Rucola | 2 Stiele Basilikum | 1 Früh-
lingszwiebel | 1 EL Weißweinessig | Salz |
Pfeffer | Zucker | 1 EL Öl | 2 Currypuffer (s. links) |
übrige Tomatensauce (s. links) | 1 EL gehobelter
Parmesan

Für 1 Erwachsenenportion | 15 Min. Zubereitung
Pro Portion ca. 590 kcal, 23 g EW, 34 g F, 47 g KH

1   Artischocken abtropfen lassen. Rucola und Basilikum waschen und trocken tupfen. Frühlingszwiebel putzen, waschen und fein hacken.

2   Essig, 1 EL warmes Wasser, Salz, Pfeffer und
1 Prise Zucker verrühren. Frühlingszwiebel und Öl
unterrühren. Artischocken, Rucola, Basilikum und
Vinaigrette vermengen. Currypuffer zerteilen und
mit Tomatensauce und Salat anrichten. Parmesan-
späne darübergeben.

herzhaft | für den großen Hunger

Bohnen-Nudel-Topf

80 g Nudeln (z. B. Penne) | Salz | 1 kleine Zwiebel | 1 EL Rapsöl | 150 g TK-Prinzessbohnen | 3–4 EL stückige Tomaten (Dose) | 1 TL gekörnte Brühe | 1 TL getrocknetes Bohnenkraut | 1 Wiener Würstchen

Für 1 Kinderportion | 15 Min Zubereitung
Pro Portion ca. 265 kcal, 8 g EW, 15 g F, 24 g KH

1 Nudeln in Salzwasser nach Packungsangabe garen. Zwiebel schalen und fein würfeln. Öl erhitzen und die Zwiebel darin andünsten. Bohnen dazugeben und mit 300 ml Wasser und Tomaten ablöschen, die Brühe einrühren und das Bohnenkraut zugeben. Alles aufkochen und 10–15 Min. garen.

2 Würstchen in Scheiben schneiden. Nudeln in ein Sieb abgießen. Für das Kind ein Drittel vom Eintopf abnehmen und mit je einem Drittel Wurstscheiben und Nudeln vermengen. Für die Mutter übrigen Eintopf und übrige Nudeln in einen Topf geben.

macht munter

Chili-Bohnen

1 Knoblauchzehe | 1/2 rote Chilischote | 1 EL Rapsöl | übrige Wurstscheiben (s. links) | 1 Stängel glatte Petersilie | übriger Bohnen-Nudel-Topf (s. links) | Salz | bunter Steakpfeffer

Für 1 Erwachsenenportion | 10 Min Zubereitung
Pro Portion ca. 490 kcal, 16 g EW, 26 g F, 47 g KH

1 Knoblauch schälen und in dünne Scheiben schneiden. Chili waschen, entkernen und in dünne Ringe schneiden.

2 Öl erhitzen. Übrige Wurstscheiben kurz anbraten. Knoblauch und Chili zugeben und kurz mitbraten. Vom Herd nehmen. Petersilie waschen, trocken schütteln und hacken.

3 Übrigen Bohnen-Nudel-Topf salzen und mit den gebratenen Chili-Würstchen anrichten. Mit Petersilie bestreuen und mit Steakpfeffer bestreuen.

raffiniert | gelingt leicht

Asiapfanne | Scharfe Rindfleischpfanne

Die bunte Pfanne sieht nicht nur schön aus – sie steckt auch voll knackigem Gemüse und saftigem Fleisch. Greifen Sie beim Einkauf möglichst oft zu dunklen Fleischsorten, wie z. B. Rind und Lamm. Diese enthalten besonders viel wertvolles Eisen.

200 g Rinderfilet
350 g Spitzkohl
1 rote Paprikaschote
1 Zwiebel
1 EL Sesamsamen
2 EL Rapsöl
Salz
2 EL Ketchup
1 EL Sojasauce
1 rote Chilischote
3–4 Stängel Koriandergrün
1 EL Sherry

Für 1 Kinder- und 1 Erwachsenenportion
45 Min. Zubereitung
Pro Portion (Kind/Mutter) ca. 235/410 kcal,
18/36 g EW, 15/19 g F, 8/19 g KH

1 Fleisch trocken tupfen und in dünne Streifen schneiden. Kohl und Paprikaschote waschen und putzen. Kohl in feine Streifen, Paprikaschote in kleine Stücke schneiden. Zwiebel schälen und würfeln.

2 Sesam in einer Pfanne ohne Fett kurz rösten und auf einen Teller geben. Öl in der heißen Pfanne erhitzen. Fleisch darin rundherum kräftig anbraten. Salzen und herausnehmen. Paprika, Kohl und Zwiebel zugeben und darin anbraten. Bei mittlerer Hitze zugedeckt ca. 5 Min. schmoren.

3 Ketchup, Sojasauce und 3–4 EL Wasser verrühren und zum Gemüse geben. Fleisch ebenfalls zugeben und alles aufkochen. Chili waschen, entkernen und fein hacken. Koriander waschen, trocken schütteln und klein hacken.

4 Für das Kind ein Drittel abnehmen und mit etwas Sesam bestreuen. Für die Mutter Sherry und Chili zum Gemüse geben und aufkochen. Mit Sojasauce abschmecken. Auf einem Teller anrichten und mit Koriander und übrigem Sesam bestreuen. Dazu schmeckt Basmatireis.

MITNEHM-TIPP

Das Gericht schmeckt auch mittags im Büro als asiatischer Salat sehr lecker! Alles abkühlen lassen und mit Limettensaft und -schale würzen. Mit gehackten Frühlingszwiebeln und gerösteten Erdnüssen bestreuen. Etwas Reis unterheben.

GUT ZU WISSEN

Es gibt mehr als 100 verschiedene Chilisorten mit ganz unterschiedlichen Schärfegraden. Wir Europäer sind da ja etwas empfindlicher und würden uns gerne den passenden Schärfegrad aussuchen. Wie das geht? Ganz einfach: Je kleiner und »röter«, desto schärfer. Grüne Chilis sind unreif geerntet und etwas milder. Oft gibt es Chilis nur abgepackt in größeren Mengen zu kaufen. Kein Problem: Einfach an einem sonnigen, warmen Ort trocknen lassen und dann kühl und trocken lagern.

braucht etwas Zeit | vegetarisch

Zweierlei Pizza-Schnecken

Die haben das Zeug zum Lieblingssnack! Saftige Hefeschnecken gefüllt mit Tomate und mildem Käse für das Kind und herzhaft italienisch mit Oliven und Kapern für die Mama.

125 ml Milch
300 g Mehl
½ Päckchen Trockenhefe
1 Ei
Salz
Zucker
6 EL Olivenöl
50 g Gouda
6 EL Tomatenmark
2 Tomaten
1 TL getrocknete italienische Kräuter
50 g schwarze Oliven ohne Stein
1 EL Kapern
3 Sardellenfilets (aus dem Glas)
2–3 Stängel glatte Petersilie
20 g Parmesan
Pfeffer

Für 40 Schnecken | 40 Min. Zubereitung
45 Min. Gehen | 18 Min. Backen (pro Blech)
Pro Stück (Kind/Mutter) ca. 55/50 kcal, 2/2 g EW,
3/2 g F, 6/6 g KH

1 Milch lauwarm erwärmen und in eine Schüssel geben. Mit Mehl, Hefe, Ei, je 1 Prise Salz, Zucker und 2 EL Öl verkneten. Zugedeckt an einem warmen Ort ca. 45 Min. gehen lassen (Bild 1).

2 Für das Kind Gouda reiben und mit 3 EL Tomatenmark verrühren. Tomaten waschen, vierteln,

dabei den Stielansatz entfernen. Tomaten fein würfeln. Zwei Drittel von den Tomatenwürfeln und 1 EL Öl unter die Käse-Tomatenmark-Mischung rühren. Mit den getrockneten Kräutern und Salz würzen.

3 Für die Mutter Oliven fein hacken, Kapern und Sardellenfilets abtropfen lassen, beides fein hacken. Petersilie waschen und trocken schütteln. Die Blätter abzupfen und fein hacken. Den Parmesan reiben. Alle Zutaten mit übrigem Tomatenmark, übrigen Tomatenwürfeln, 1 EL Öl und dem Parmesan verrühren. Mit Salz und Pfeffer würzen.

4 Backofen auf 180° vorheizen. Teig halbieren und jeweils zu einem Rechteck (35 x 22 cm) dünn ausrollen. Füllungen daraufstreichen und Teigrechtecke von der kurzen Seite her aufrollen (Bild 2). Aus jeder Rolle etwa 20 Scheiben schneiden und auf mit Backpapier ausgelegte Backbleche setzen. Mit 2 EL Öl beträufeln und nacheinander im heißen Ofen (Mitte, Umluft 160°) 15–18 Min. backen.

VORRATS-TIPP
Lassen sich super einfrieren. Dann einfach nur kurz im heißen Ofen bei 200° aufbacken.

gelingen leicht | für den Vorrat

Honig-Bananen-Kekse | Karamell-Cookies

Ab und zu naschen ist o.k.! Aber möglichst gesund sollten die Leckereien sein. Bei diesen selbst gebackenen Keksen mit Banane und Honig im Teig liegen Sie da genau richtig!

1 reife Banane (ca. 150 g)
100 g weiche Butter
Salz
100 g flüssiger Honig
1 Päckchen Vanillezucker
1 Msp. abgeriebene Schale von einer Bio-Zitrone
1 Ei
50 g gemahlene Mandeln
1 TL Backpulver
200 g Weizenmehl (Typ 1050)
6 Toffifee-Pralinen
Backpapier

Zutaten für 20 Kinderkekse und 8 Erwachsenen-Cookies
    40 Min. Zubereitung
1 Std. Kühlen | 40 Min. Backen
Pro Stück (Kind/Erwachsene) ca. 55/175 kcal,
1/3 g EW, 3/9 g F, 6/20 g KH

1 Banane schälen und fein pürieren oder mit der Gabel zerdrücken. Butter ca. 1 Min. cremig rühren. Salz, Honig, Vanillezucker, Zitronenschale und Ei nacheinander mit den Schneebesen des Handrührgeräts unter die Butter rühren.

2 Mandeln, Backpulver und Mehl in einer Schüssel vermischen. Mehlmischung portionsweise abwechselnd mit dem Bananenpüree unter die Ei-Honig-Butter-Mischung rühren. Teig ca. 1 Std. zugedeckt kalt stellen.

3 Backofen auf 180° vorheizen. Teig halbieren. Für das Kind aus einer Hälfte mithilfe eines Löffels ca. 20 Kleckse auf einem mit Backpapier ausgelegten Backblech verteilen. Mit einem angefeuchteten Teelöffel die Kleckse leicht flach drücken und von den Rändern her rund formen, sodass kleine Taler entstehen. Die Taler im heißen Ofen (Mitte, Umluft 160°) 15–18 Minuten backen.

4 Für die Mutter Toffifee hacken und unter die andere Hälfte des Teiges rühren. Aus diesem Cookieteig mit einem Löffel ca. acht große Kleckse auf ein Backblech geben. Die Kleckse mit einem angefeuchteten Teelöffel leicht flach drücken und vom Rand her zu runden Talern formen. Taler bei gleicher Temperatur 15–18 Min. backen.

GUT ZU WISSEN

Ob fein zerdrückt im Brei, auf Brot oder im Obstsalat – Bananen stehen bei Kindern hoch im Kurs! Gut so, denn die süßen Früchte sind leicht verdaulich und stecken randvoll mit Vitaminen und Mineralstoffen, z. B. Kalium. Dieses Mineral ist während des Wachstums wichtig für die Zellen!

unten: Honig-Bananen-Kekse | oben: Karamell-Cookies

Zum Gebrauch

Damit Sie Rezepte mit bestimmten Zutaten noch schneller finden können, stehen in diesem Register zusätzlich auch beliebte Zutaten wie **Hähnchenbrustfilet** und **Möhre** – ebenfalls alphabetisch geordnet und hervorgehoben – über den entsprechenden Rezepten.

Unsere Garantie

Alle Informationen in diesem Ratgeber sind sorgfältig und gewissenhaft geprüft. Sollte dennoch einmal ein Fehler enthalten sein, schicken Sie uns das Buch mit dem entsprechenden Hinweis an unseren Leserservice zurück. Wir tauschen Ihnen den GU-Ratgeber gegen einen anderen zum gleichen oder ähnlichen Thema um.

Liebe Leserin und lieber Leser,

wir freuen uns, dass Sie sich für ein GU-Buch entschieden haben. Mit Ihrem Kauf setzen Sie auf die Qualität, Kompetenz und Aktualität unserer Ratgeber. Dafür sagen wir Danke! Wir wollen als führender Ratgeberverlag noch besser werden. Daher ist uns Ihre Meinung wichtig. Bitte senden Sie uns Ihre Anregungen, Ihre Kritik oder Ihr Lob zu unseren Büchern. Haben Sie Fragen oder benötigen Sie weiteren Rat zum Thema? Wir freuen uns auf Ihre Nachricht!

Wir sind für Sie da!
Montag – Donnerstag: 8.00 – 18.00 Uhr;
Freitag: 8.00 – 16.00 Uhr *(0,14 €/Min. aus dem dt. Festnetz/ Mobilfunkpreise
Tel.: 0180 - 5 00 50 54*
Fax: 0180 - 5 01 20 54* können abweichen.)
E-Mail:
leserservice@graefe-und-unzer.de

P.S.: Wollen Sie noch mehr Aktuelles von GU wissen, dann abonnieren Sie doch unseren kostenlosen GU-Online-Newsletter und/oder unsere kostenlosen Kundenmagazine.

GRÄFE UND UNZER VERLAG
Leserservice
Postfach 86 03 13
81630 München

Programmleitung:
Doris Schmalhofer-Birk
Leitende Redakteurin:
Birgit Rademacker
Redaktion: Tanja Dusy
Lektorat: Katharina Lisson
Layout, Typografie und Umschlaggestaltung: independent Medien-Design, München
Satz: Liebl Satz+Grafik, Emmering
Herstellung: Petra Roth
Reproduktion: Wahl Media GmbH
Druck: Firmengruppe APPL, aprinta druck, Wemding
Bindung: Firmengruppe APPL, sellier druck, Freising

ISBN 978-3-8338-1432-7

1. Auflage 2009

Die Autorin

Ira König ist Foodredakteurin und Expertin für Ernährung. Sie hat bei mehreren großen Foodzeitschriften gearbeitet. Als eine Freundin ihr erzählte, dass sie als junge viel beschäftigte Mutter kaum Zeit fände, für sich eine warme Mahlzeit zuzubereiten, entstand schnell die Idee für dieses Kochbuch – stressfreies Kochen für Mutter und Kind mit pfiffigen Kombi-Rezepten.

Der Fotograf

Jörn Rynio arbeitet als Fotograf in Hamburg. Zu seinen Auftraggebern gehören nationale und internationale Zeitschriften, Buchverlage und Werbeagenturen. Alle Bilder rund ums Essen stammen aus seinem Studio. Tatkräftig unterstützt wurde Jörn Rynio dabei von den Foodstylisten **Hermann Rottmann** und **Petra Speckmann** und **Michaela Suchy** (Arrangements und Requisite).

Bildnachweis

Getty: S. 4, 6 oben rechts; Mauritius: S. 5 rechts; S. Seckinger: S. 64; Stockfood: S. 9; Jörn Rynio: alle anderen

Titelbildrezept

Auf dem Titelbild sehen Sie Bunte Nudeln und Chilinudeln mit Lammkoteletts von Seite 36.

Die Temperaturangaben bei Gasherden variieren von Hersteller zu Hersteller. Welche Stufe Ihres Herdes der jeweils angegebenen Temperatur entspricht, entnehmen Sie bitte der Gebrauchsanweisung. Bei Elektroherden können die Backzeiten je nach Herd variieren. Bei Kuchen empfiehlt sich immer die Stäbchenprobe.

GRÄFE UND UNZER

Ein Unternehmen der
GANSKE VERLAGSGRUPPE

Kochlust pur

Die neuen KüchenRatgeber – da steckt mehr drin

GU KÜCHENRATGEBER

Kochen für **Babys**

ISBN 978-3-8338-0826-5 · 64 Seiten

GU KÜCHENRATGEBER

Kochen für **Kleinkinder**

ISBN 978-3-8338-0909-5 · 64 Seiten

GU KÜCHENRATGEBER

Kinder-geburtstag

ISBN 978-3-8338-0908-8 · 64 Seiten

GU KÜCHENRATGEBER

Drinks ohne **Alkohol**

ISBN 978-3-8338-0305-5 · 64 Seiten

GU KÜCHENRATGEBER

Blitzmenüs für Zwei

ISBN 978-3-8338-0678-0 · 64 Seiten

GU KÜCHENRATGEBER

Waffeln

ISBN 978-3-8338-0319-2 · 64 Seiten

Änderungen und Irrtum vorbehalten

Das macht sie so besonders:

- Neue mmmh-Rezepte – unsere beste Auswahl für Sie
- Praktische Klappen – alle Infos auf einen Blick
- Die 10 GU-Erfolgstipps – so gelingt es garantiert

Willkommen im Leben.

Ist das Gewicht **meines Kindes normal?**

Diese Frage stellen sich fast alle frischgebackenen Eltern früher oder später. Die WHO (Weltgesundheitsorganisation) hat darauf reagiert und eine Tabelle erstellt, die anhand weltweiter, mehrjähriger Studien entstanden ist. Sie stellt die gesunde durchschnittliche Gewichtszunahme von Kleinkindern dar.

Um die Tabelle lesen zu können, müssen Sie zuerst den Body-Mass-Index (BMI) Ihres Kindes berechnen. Dieser Wert stellt das Verhältnis von Körpergewicht zur Größe dar und wird wie folgt berechnet:

BMI = kg/m² (Gewicht in kg geteilt durch die Körpergröße in Meter mal Meter).

Auf der Internetseite der Bundeszentrale für gesundheitliche Aufklärung www.bzga-kinderuebergewicht.de finden Sie einen Online BMI-Rechner.

Liegt der BMI-Wert Ihres Kindes im weißen Bereich, ist alles wunderbar. Ihr Kind hat für sein Alter ein normales Gewicht. Liegt der BMI aber deutlich über P 85 bedeutet das, dass Ihr Kind zu Übergewicht tendiert. Oft reguliert sich das Gewicht von alleine und alles ist bestens. Wenn das nicht der Fall ist, und der BMI weitersteigt auf 90 oder sogar darüber – dann hat Ihr Kind deutlich Übergewicht und Sie müssen etwas unternehmen.

Doch keine Panik! Oft hilft schon etwas mehr Bewegung, um das Gewicht Ihres Kindes zu regulieren. Auch Wasser und Tee statt süßer Säfte reduzieren die Kalorienbilanz. Auf süße Belohnungen für gutes Benehmen so oft wie möglich verzichten.

Kinder lernen am Modell! Das heißt, das Verhalten der Eltern wird kopiert. Das gilt auch für Essensgewohnheiten oder Sport. Also öfter auch mal das eigene Verhalten unter die Lupe nehmen!

P = Perzentile geben den Wert an, unterhalb oder oberhalb dessen ein bestimmter prozentualer Anteil aller Fälle liegt. Z. B. ein BMI auf dem 30 Perzentil bedeutet, dass 30 % aller Kinder im selben Alter und mit demselben Geschlecht einen gleich großen oder kleineren BMI haben und 70 % einen größeren.